Tenement Press 9, MMXXIII
ISBN 978-1-7393851-0-1

El guant de plàstic rosa /
The Pink Plastic Glove
Dolors Miquel

translated from the Catalan
by Peter Bush

One day, when I happened to be holding *The Pink Plastic Glove*, my grandmother, who has lived ninety-eight years and is wiser than all the literary critics I have ever known, used the word 'miquel' as a noun: 'Aquell em fot cada miquel!' she said, ('That book gives me such turns!'). It was then I discovered that the word 'miquel,' according to the Institute of Catalan Studies Dictionary, meant 'an unexpected swipe, refusal, reprimand, contempt, scorn, etc. that leaves someone in a bad place, that mortifies and humiliates them.' That lexical find seemed an appropriate way to enter into Miquel's project and measure its tone: fierce, cheeky, firm, spare, bitter... Take, for example, 'Voluptuous Finale' in which the wretched dead man resting on his autopsy bed only craves to be buried 'stark naked with my erect penis marking position 32° latitude North.' That is, even with both feet on the other side, this poor male can't give his testosterone a rest, or free himself from the very heterosexual modus operandi practiced by many men and women who have an allergy to hosting a hint of dissidence between their legs, because Miquel doesn't just hand out gratuitous "miquels" and keep quiet, but calls on women shoring up the patriarchy with their aesthetic and matrimonial submission to savour a spot of disorder.
　　—Laura G. Ortensi, *La Lectora*

The Pink Plastic Glove has a complex architecture that works as a series of interwoven poems, but can also be read as a novella or even as the script for a theatrical drama. In the latter guise, the influences derive above all from classical Greek theatre, in which tragic destiny can never be spared the heroes or heroines of antiquity allowing their audiences to experience catharsis by dint of the public suffering and punishment they receive from the gods. The main god in *The Pink Plastic Glove* is Hades, he of the underworld and death, who hovers over and inside every one of the lines that construct the narrative of a poetic voice that finds the corpse of a dead man in her sink, the first of many other dead bodies to keep appearing.
　　—Jaume C. Pons Alorda, *Nació*

The Pink Plastic Glove is language fighting for its life, or more appropriately, for its death. It points to what lies beyond language in a way that opens onto the archaic, and in a way that makes you gasp. Dolors Miquel is the grand disappearer of words, with a style so lucid, and savage, that it makes tangible the invisible behind words and the long blank at the end of meaning without ever losing faith in the power of language to do exactly that. I'm struggling to say exactly what the experience of reading this book feels like, which is exactly the effect of this supremely discomfiting book, to be in the un-worded presence, through words themselves, of the sacred. *The Pink Plastic Glove* is a supreme act of faith and despair.
　　—David Keenan

You know you're reading something thrilling when a book makes you ache to write poems yourself. This is exactly what *The Pink Plastic Glove* does. Miquel's unmistakable love for language is infectious, and her narrative skill will suck you right in. How often do you read a poetry collection that tells an actual story? *The Pink Plastic Glove* is a tale about mourning. It's intense, rhythmic and menacing, like grief. From the book's preface, we learn that Miquel wrote these poems after suffering a deep, personal loss. But there's no self-pity in these poems, no sentimentality. Miquel alchemizes pain and twists it into abstract song. *The Pink Plastic Glove* is a mysterious collection, in that regard. It gives us intimacy and riddles all at once. And Miquel's poems are all the more exciting for it. They are erotic, caustic, and uncompromising—a pulsating delight. I loved this book.
　　—Nadia de Vries

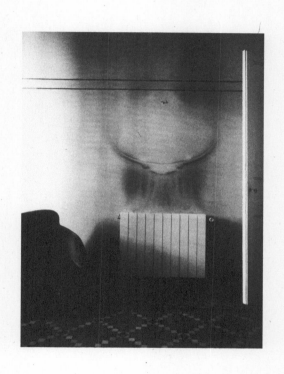

A KIND OF A PROLOGUE

Genealogy of a Glove

For Núria Perpinyà

I lost everything. Everything that binds us. Roots. I was a flower without roots. My petals waiting to be plucked. Love, home, family, child, partner, disappeared. Streets, cities, houses. Only that terrible wind from the south. And that damp in the soles of the shadow climbing up me. How could I justify my life? Why live at all? There was a dog I loved, Felícia, who pulled me from the belly of death. As if she were a mother, she dragged me from the darkness. She cut the umbilical cord. She touched me with her wet muzzle. She made me weep again. Weeping brings life. Weeping rents the air. To weep is to come out of the bier. Solitude can be a grave opened within the heart. Or a haven opened within the heart.

Then it was my grave.

I was a woman fated to write books or die. To write death rather than experience it. To write like someone in a dream. Or like someone who has all their love inside their chest shut in a cave, with her fingers as the only exit. I was writing that strange traffic, the arrival of the coffin I had chosen for my father. The last to die.

I chose all the coffins. And the flowers. I chose everything. Then the sun shone down. Challenging them. The fire wanted to burn him. Wound me. I caressed the wood. Bidding farewell. As I had touched my belly when I was pregnant. As my father had touched the coffins of his mother, my grandmother, on a sunny afternoon in Lleida. The belly is a coffin. The wood of trees in Mercè Rodoreda's *La mort i la primavera / Death and the Spring*. Gestures that were tombs of solitude. Labyrinth of gestures. I would have books, I told myself. So as not to be lost. To preserve the memory of earthworms. To be as fragile as an impression, a shadow on a leaf. Signs among millions of signs.

To be humanity. Nobody knows what happens when universes gaze at each other. To be what is unknown. What is a book? Bark? Being there? Giving one's life for an unreal shadow?

Miquel Àngel and Patricia came one afternoon.

I didn't tell them, while I read some of the lines from this book. It was the year 2000. I had seen my father sitting on the edge of the bed unable to speak. His mouth open like a bird waiting for its mother's beak, and that smell coming from his insides, the stench of death. It entered your throat and your eyes, like the smell of fish abandoned in a corner of the harbour, under the sky, far from the blue. I still have that smell in my eyes. And the little spoon full of yogurt with which he fed his agony.

Later, when I climbed up high buildings, to the top floors, or approached the Look-Out Point Rail, horrendous fear strangled my thoughts because throwing myself down generated waves of panic. I couldn't find any real boundaries. Geographies, spaces, materials terrified me in their opaqueness as much as the body. And before leaving, the time spent with my friend in Basses d'Alpicat, in an empty bar, in a world emptied of the images that had dwelt there. Or were they still there? Departing definitively after departing for good.

That was why I had written the poem of the man rotting in the sink.

It is an impossible poem. I know. No man's corpse fits in the sink. Two men's, even less so. But it is imaginable. I like that deceit of a poem that opens up the way to the truth of the whole book. It reminds me of the *saltos jabonados de delfín* made by Antoñito el Camborio in order to free himself from his own death. Those slippery, weaving, impossible dolphin jumps in a knife fight give the poem more meaning than reality. The universe is filled with impossible possibilities. The lack of logic, the facts of life. Lorca and *su niñez*—like mine—*ya fábula de fuentes*: his childhood now a fable of fountains. My sink packed with pots and pans, in impossible equilibrium. They piled up while I wrote and wrote, as if my life depended on it. Because it did. I wrote so as not to die. I had no time to clean. My body hurt if I didn't write. My grief transmuted as it became text. I was in danger. I didn't only write this book but many others. I had seen many men confront death. No matter if it was a death that was stolen, given or produced. 'Der Muselmann,' as Agamben quotes from Jean Améry in his book *Quel che resta di Auschwitz / Remnants of Auschwitz*. 'The so-called *Muselmann*, as the camp language termed the prisoner who was giving up and was given up by his comrades.'* My father, my mother, my grandparents had abandoned all hope in the face of death, without beliefs. Stripped and cognizant. Like Agamben I would say that in a way they marked out the boundary where man became non-man. In which he was drowned in nothingness, in mystery without salvation. Poetry as God. Poetry performing miracles.

*Jean Améry, *At the Mind's Limits: Contemplation by a Survivor on Auschwitz and its Realities*, translated by Sydney Rosenfeld and Stella P. Rosenfeld (Bloomington University Press, Indiana, 1980), p.9. As quoted (and discussed) by Giorgio Agamben in *Remnants of Auschwitz: The Witness and the Archive*, translated by Daniel Heller-Roazen, (Zone Books, New York, 2002), p.41.

It transformed me into everything. And snatched away my ego, when it most seemed to be taking it into the centre of language as the only reality. Existing in non-existence.

I kept finishing other books. Each book, many years.

But even more so this book of a glove. I turned round and round like the Muselmann, I walked with head bowed around a book that cannot be written and is cast aside. Defeated by the certainty that one cannot act; it is cast aside. What there existed of a book moved from house to house. Was not thrown away, because the body can't throw it away. It would be an act against nature to throw away the book that cannot be written or has yet to be finished, but is still alive. It's like listening to the three-year-old boy in Auschwitz who only said one word, that nobody could understand. And who died and took his secret with him. But if he had lived, we would now know his secret. The secret is life, not death.

Then I wrote a draft. And I lost myself.

Losing oneself is vital. If I love you, I lose myself. When I love your body, I lose myself. After so many years, the strata deepened, everything blurred. The dead seem unreal. Writing is failing. I look for photographs to convince myself they haven't been my imaginings. I find my other grandmother smiling among flowers. She loved flowers more than life. I find the photograph of Felícia looking at me so lovingly. I see her very beautiful body carried in Lluís's arms. His head down. My eyes empty. Memory is madness. The first. The most important. Writing is proof of failure and transmutation. Before, however, as if they threw me into myself. Or I threw myself. Drawn, or perhaps compelled to plumb my bottomless well. Where do I come from when I am not flesh?

Núria Perpinyà acted as a medium.

Does eternity exist? My writing was like the bloody bodies of new-born babes all entangled with the cotton wool of the voices and hands of midwives and nurses and sheets of newspaper. She knew how to point the way. The path meanders between trees or waste land. Few cities lure it from its journey. The odd old man with a paunch who is in denial. I pulled on the glove. One day I even went to Madrid. I went there all of a sudden. It was cold. The cold reminded me of the book. There is a lot of cold in the book. I am frightened of the cold. I don't wonder how the cold came into my hands. A white owl always flies through the cold. It is night-time. It flies from the Gavarres woods and flies across the bluish black of corn fields before morning. That is how words come out of me, like ghosts, made day before day dawns. Dead before death comes. They are made of wood. I touch them. Like a belly.

El guant de plàstic rosa /
The Pink Plastic Glove

(Book begun somewhere in the world in 2000,
and finished in Torredembarra, 1 January 2016)

La Vida li va dir a la Mort que per què la necessitava per viure.
I la Mort li va dir a la Vida que per què la necessitava per morir.

Life asked Death why he needed her to live.
And Death asked Life why she needed him to die.

—Hem de posar una paret enmig—digué Ella.
—Em sembla bé —respongué la veu masculina
a l'altra banda del telèfon.—Sí... Una paret...
Serà com si estiguessis mort—replicà Ella—
com si ara mateix et tanquessin rere una làpida
i gravessin en ella el teu nom i, sota, el dia
que ens vam conèixer i el dia d'avui.

'We should put a wall in between,' She said
'I agree,' replied a voice at the other end of the line.
'Yes... a wall... As if you were dead,' She rasped,
'as if they were to shut you behind a stone
right now, and etch your name on it with
the day we met and today's date beneath.'

La tercera persona

Amb una mà sostenia el cos sangonós del meu nen tot just nascut, amb l'altra empenyia dins del forat de la mort la carn despresa i el coratjós cor silenciós de mon pare.

O mirava el llunyà despreniment, tranquil i serè, del meu avi en una habitació d'hospital on venien les llums dels estels a contar de la seva mort després de milions d'anys de travessa.

O aquells ulls que buscaven la foscor girant-se cap a dins del crani, en una barbàrie perpetrada a l'anatomia. Es giraven relliscant per la neu blanca. Un nen tan bell i tímid. Una nuca perfecta. Fins que el trobaren, inanimat com flor tot just collida.

I tot eren plors que queien fets llavors de primavera dins la terra dels cors humans, fèrtils en la seva simplicitat, en la seva dèbil i amagada llunyania.

I els sexes percudien els ossos i atiaven les mucoses i les glàndules cap a la vida. Volien penetrar i ser penetrats, escapar d'aquella soledat on tot moria i matava.

I així et vam concebre.

The Third Person

With one hand I held my new-born child's blood-flecked body, with the other I pushed my father's flaccid flesh and silent, courageous heart into the pit of death.

Or I observed my grandfather's quiet, serene, distant departure in a hospital bedroom where the light of stars came to tell of his death after millions of years of journeying.

Or those eyes that searched for the darkness swirling inside the skull in a barbaric act perpetrated on the anatomy. They turned and slipped on the white snow. Such a beautiful, shy child. A perfect neck. Until they found him, as still as a freshly picked flower.

And it was tears that fell and made spring seeds in the soil of human hearts, fertile in their simplicity, in their fragile, hidden remoteness.

And sexes rattled bones and threw mucous and glands at life. They wanted to penetrate and be penetrated, to escape from that solitude where everything died and killed.

And that is how we conceived you.

Cita amb el fred

T'esperava a la cafeteria subterrània de la Casa del Libro de
  Passeig de Gràcia.
Amb el cinturó de sivella enorme com safata sexual al mig
  del ventre.
Feia fred. Els llibres feien fred. La vida feia fred. La gent feia
  fred.
Entraven sortien. Com si sabessin. Sortien entraven. Com si
  no sabessin.
No sabien i sabien. Tot resultava clar i confús. Alguns
  treballaven.
Era evident que estava desesperadament allí per tu, i que
  tenia fred
en aquella llibreria tan ben il·luminada del Passeig
  de Gràcia.
Clar que no anava a escriure Auques i ventalls de nenes
  burgeses
que juguen a tennis o a pàdel. I menys essent tu un borratxo
  consumat.
Era només una manera de pensar el fred, sense escriure'l, de
  sentir-lo per després;
era hivern. I era estiu i primavera i tardor i ciutat era. Però
  sobretot hivern i fred.
Tenia l'ànima gelada, i si és que tenia ànima realment, la
  tenia gelada,
un tros d'àrtic tenia i si no en tenia, tenia dits gelats d'ungles
  llargues i pintades,
que volien esgarrapar-te i no per odi, no, no per odi. Clar
  que després ja m'ho vas dir,
que estaves mort i no podies venir, que el teu editor, que
  estava més mort que tu,
t'havia enviat al psiquiatre, que el món estava més mort que
  vosaltres dos
i que ja ens trobaríem. I que tenies pressa. I que et sabia
  molt de greu
d'estar mort precisament el dia que havíem quedat per no
  tornar a veure'ns.

Date with the Cold

I was waiting for you in the Casa del Libro's underground café on
    Passeig de Gràcia.
Wearing the belt with the huge buckle mid-belly like
    a sexual tray.
It was cold. The books were cold. Life was cold. People were
    cold.
They came in and out. As if they knew. They came out and in.
    As if they didn't.
They didn't and they did. It was all clear and confused. Some
    were working.
It was obvious I was there and desperate for you, and that I
    was cold
in that brightly lit bookshop on Passeig
    de Gràcia.
Clearly I wasn't about to write comic strips for girls
    from the bourgeoisie
who play tennis or paddle. Let alone with you being such a
    consummate drunkard.
It was only a way to reflect on the cold, without writing, to
    defer the feeling;
it was winter. And summer and spring and autumn and the city.
    But above all winter and cold.
My soul was frozen, if I had one, that is, it was
    frozen,
I had a piece of the Arctic, and if I didn't, my frozen fingers had
    long, varnished nails
that wanted to scratch you and not from hate, no way, from hate.
    Obviously later you said
you were dead and couldn't come, that your publisher, who was
    more dead than you,
had sent you to the psychiatrist, the world was more dead than
    the pair of you
and we would meet up later. And you were in a hurry. And were
    very sorry
you had died on the very day we had agreed to meet to say
    that was it.

Hi ha un home podrint-se a l'aigüera

Amorrada al mugró de la mare eterna, estrenyent fortament el
penis del fecundador, amb les entranyes seques a la boca, la vagi-
na plena de blanques paraules, el semen entre els meus pits...
Fa tres-cents dies, tres-centes nits que el sopar és a l'aigüera:
Muntanyes de pinyols i restes. La cadena de forquilles a popa,
talment un vaixell que s'enfonsa entre onades de microbis. El
peix de la mística lliscant entre el sabó i el pa florit. Un gra
d'arròs revolucionari al fons d'una cassola vora la llagosta
decapitada. Dia i nit barallant-se dins un pinyol. Dins el verdet
un vas llisca cap a la superfície del transparent. El pensament
se'm beu el caos. Una mosca cau entre dos silencis i entre tres,
cau un espermatozou, entre quatre s'omple de sang el canelobre
de la veu i s'encén la petita flama de la felicitat. L'espès mantell
de boira va cobrint-ho tot. Creus i ganivets a la boca. Navalles
i roses a la veu. Les calaveres dels animals es pregunten si mai
els ulls els tornaran a la conca mentre els seus ossets s'embalen
cap al forat embussat del temps. Mig d'esma enfonso la mà sota
la pila d'atuells i d'immundícia i el trobo. Hi ha un home que
es podreix a l'aigüera. Ell i el seu sexe. Els toco. Tres-cents dies
sense neteja. Tres-centes nits sense neteja. Sóc una porca. Busco
sabons amoníac lleixiu desincrustants salfumants desembussa-
dors mentre els cucs foraden la tele, els líquids m'embruten els
segons i l'esperit em busseja pel pantà de les emocions en un
pulmó lliure i irreversible cap a Ell.

(Jo em sé el nom del meu mort
i el dic amb la boca tancada.)

A Man is Rotting in the Sink

Nuzzling the eternal mother's nipple, squeezing the progenitor's penis hard, barren innards in my mouth, vagina full of white words, semen between my breasts... Dinner has been in the sink three hundred days, three hundred nights: mountains of olive stones and left-overs. Serial forks in the poop, like a vessel sinking amid waves of microbes... Mystic fish slipping between suds and mouldy bread. A grain of revolutionary rice in the bottom of a pan next to a decapitated lobster. Day and night quarrelling in an olive stone. In the green slime a glass glides to the surface transparently. My thoughts lap up the chaos. A fly falls between two silences and three, a spermatozoa falls, between four, the voice's candleholder fills with blood and a tiny flame of happiness flickers. A thick, turbid mantle covers everything. Crosses and knives in my mouth. Razors and roses in my mouth. Animal skulls wonder if eyes ever return to their sockets as their brittle bones funnel towards the blocked hole of time. Half instinctively I sink my hand under the pile of pots and pans and filth and find him. A man is rotting in the sink. Him and his sex. I touch them. Three hundred days without cleaning. Three hundred nights without cleaning. I'm disgusting. I look for soap ammonia bleach de-scalers hydrochloric acid de-blockers while maggots squirm in the telly, liquids sully my every second and my spirit plunges into a quagmire of emotions in an irreversible, free dive towards Him.

> (I know the name of my dead man
> and speak it with lips sealed.)

Dansa de l'abella

AMB FLOR ABELLERA, ABELLOT DISTRET
I ABELLEROLQUE BUSCA NIU (PRIMERS
PREPARATIUS)

Ara l'abella diposita mel dins la mandíbula, sobre la llengua
    tumefacta.
i dansa davant del seu crani:
fa cercles amb l' abdomen, batent les petites ales.

En màxima quietud i màxima velocitat, l'abellera i els seus
    rizomes de fecunditat
enamoren l'abellot que volava cap a la consumació
i que s'atura per copular la flor, d'esquena a la llum.

El meu mort em pregunta: ¿Quant de temps més suportaré
    això?
Tinc uns tarsos d'abella enredats a les trompes d'Eustaqui
I un abellerol intenta fer niu al meu fal·lus.

Dance of the Honeybee

WITH HONEYBEE FLOWER, ABSENT-MINDED
BUMBLEBEE AND BEE-EATER LOOKING FOR
A NEST (FIRST MOVES)

Now the bee deposits honey on the jawbone, on the swollen
    tongue
and dances opposite his skull:
making circles with its abdomen, beating its tiny wings.

With maximum quiet and maximum speed, the honeybee flower
    and her rhizomes of fruitfulness
infatuate the bumble bee flying to consummate
stopping to cover the flower, its back to the light.

My dead man asks me: how much longer must I
    endure?
I've got bee's tarsus enmeshed in my Eustachian tubes
and a bee-eater trying to nest in my phallus.

Si jo hagués dit

Si jo hagués dit que hi ha un home podrint-se a l'aigüera, li hauria agradat que li ho digués. Que li digués: hi ha un home podrint-se a l'aigüera. Li hauria agradat, podrint-se a l'aigüera.

Si hagués dit que no hi ha, que no existeix, que no s'hi està, probablement seria una frase a mitja descomposició, una cosa així com: hi ha un podrint-se a l'aigüera, tot i que l'home en aquell moment podria ser a comprar el diari.

Però, no, és a l'aigüera podrint-se.

Després hi ha una manera de podrir-se.

També hi ha un podrir-se de manera.

Hi ha un també després de l'home.

Després és un instant. Podrir-se és un cúmul d'instants, o de despresos que es desprenen després. Abans no, que serien abansos. Sempre hi ha un home podrint-se a l'aigüera. Sempre és el mateix que després. Així que som al mateix punt, al principi. I el principi és abans. I abans és sempre.

Evidentment un home no és una aigüera.

Una aigüera no pot podrir-se. Un home, sí.

Si jo hagués dit hi ha una aigüera podrint-se, hauria dit que hi ha maneres de dir aigüera i maneres de dir podrint-se.

Però no he dit: ni home podrit. Ni hi ha el podrit. Ni és un podrit. Ni tan sols he dit: S'ha podrit. Ni podrit.

Tampoc he dit el o tots o aquell. No, no he dit: aquell home es podreix, o l'home. Sinó un. Bàsicament perquè sempre hi ha un home podrint-se a l'aigüera.

If I had Said

STEINIAN PORTRAIT OF A MAN ROTTING IN THE SINK

If I had said there is a man rotting in the sink, he'd have been pleased I'd told him. That I'd told him: there is a man rotting in the sink. He'd have been pleased, while rotting in the sink.

If I had said there isn't, he doesn't exist, he's not there, it would probably be a semi-decomposed phrase, something like: one is rotting in the sink, though actually he may be out buying the newspaper.

But, not so, he is rotting in the sink.

Afterwards there is a way to rot.

There is also rotting so as to.

There is also one after him.

After is a moment. Rotting is an accumulation of moments, or afterwards that are aftermaths. Not before, for that would be beforehand. There is always a man rotting in the sink. He is always the same as afterwards. So we are at the same point, the beginning.

And the beginning is before. And before is always.

Obviously a man is not a sink.

A sink cannot rot. But a man can.

If I had said there is a sink rotting, I'd have said there are ways to say sink and ways to say rotting.

But I didn't say: rotted man. Or he's rotted. Or rotten. I didn't even say: he's gone rotten. Or to rot.

Nor did I say he or all or that one. No, I didn't say: that man is rotting, or man is. Just one. Fundamentally because there is always a man rotting in the sink.

Aquest és un fet normal.

Aquest normal és un fet.

Tot plegat comporta una semàntica desfectual: el procés de «podrint-se» implica camí cap a la desaparició. Desésser. Descomposició. Ja nome po dring sedins la gerra. La guerra. Segons. Ring. Por. Ring, Cravan. Por. Només. Ai. Tots ho coneixem.

REPETEIXO:

Aquest fet és normal.

Aquest fet és normal.

Tota dona té un home podrint-se a l'aigüera. L'impersonal esdevé universal.

L'universal esdevé unipoemal.

L'unipoemal calla.

Tots els homes que es podreixen fan la mateixa cara. Totes les cares que es podreixen fan el mateix home. Tots els mateixos que es podreixen fan cara d'home.

En aquest punt és impossible la identificació. Encara que hi ha una manera d'identificar: la de l'aigüera.

Sempre és la mateixa aigüera. Mateixa: fa cara d'home.

Aquesta és l'aigüera!

En ella no existeix el dubte.

En ella existeix l'aigüera.

This is a basic fact.

This has a basis in fact.

All in all it assumes defactual semantics: the process of "rotting" implies on the way to disappearing. De-being. Decomposing. No mo' rot ting in the sew-ah. Sew. War. Seconds. Ring. Fear. Ring. Cravan. Fear. That's all. Ay.

We all know.

I REPEAT:

This fact is basic.

This fact is basic.

Every woman has a man rotting in her sink.

The impersonal becomes universal.

The universal becomes uni-poemal.

The uni-poemal stays silent.

All men rotting make the same face. All faces rotting make the same man. All them rotting make a male face.

At this point identification is impossible. Although there is a way to identify: the way of the sink.

It's always the same sink. The same: making a male face.

That is the sink!

There no doubt exists.

There the sink exists.

Ningú a l'altra banda

La dona de la neteja no contesta al telèfon. L'home de la neteja gairebé no existeix. Als serveis industrials sempre em surt un contestador. *Les nostres línies estan ocupades. Les nostres línies estan ocupades.* Hauré de fer-ho jo. Prenc el davantal. El meu mort mascle reclama l'atenció:

Els elefants vora els cadàvers dels seus avantpassats fan sons inaudibles per a l'orella humana, em diu, i afegeix en una ranera improvisada: *ajghoqp7589qm'qo4rtthaq''q'tu94236¡1nm ffno00968jfq'ññrejigb,opw46890yjoassw+`hphj!!! La mort m'ha entrat dins la veu i no me la goso treure.*

Ràpidament li poso un drap xop en amoníac i sabons pesants entre la llengua i la mandíbula. Hi tiro gotes de sosa càustica. Em veig dins els seus ulls oberts. Les meves imatges hi cauen com pedres al fons d'un llac. Les xucla sense retorn, l'egoista, però ja la mort li llisca païdor avall. Considero retallar-li les ungles de mans i peus, que han començat a créixer, bosc transparent, a la velocitat de la llum. S'hi nega. Em mira malament.

Vés-te'n, sangloteja. *Deixa'm en pau.*

Nobody at the Other End

The cleaning woman doesn't answer the phone. The cleaning man barely exists. Industrial services always give me an answering-machine. *Our lines are all busy. Our lines are all busy.* I'll have to do it myself. I grab the apron. My dead male demands some attention:

Elephants by the corpses of their ancestors make sounds inaudible to the human ear, he tells me, and adds in an improvised rattle: *ajghoqp75989'qo4rttaq´`q'tu94236!inmffnooo968qññrejigh,opw4689oassw+hphj!!! Death has entered my voice and I dare not remove it.*

I quickly insert a cloth soaked in ammonia and deadly detergents between his tongue and jaw. I throw on drops of caustic soda. I see myself in his open eyes. Images of me drop like stones to the bottom of a lake. He sucks them with no returns, the egotist, but death is already slipping down his belly. I wonder about cutting the nails of his fingers and feet, that have started growing, transparent woods, at the speed of light. He says no. He gives me
an evil look.

    Clear off, he sobs. *Let me be.*

Tocar

Va tocar la meva cama amb el tacte de l'herba mullada quan passeges pels camps. Se m'enredà als cabells i m'entrà dins l'organisme amb l'aire de les muntanyes que es dirigeix cap a mar.

No era negra, era daurada i tenia color rosa. Les seves mans, ansioses com les del nounat, ho volien tot. S'abocà al meu pit i li vaig donar la meva llet fosca.

Perquè les seves paraules eren el cordó umbilical que penjà de la meva boca.

Perquè la seva no veu era la meva llengua futura.

A cap fill alletaré amb més tristesa, amb més ànsia.

Touching

He touched my leg with the feel of wet grass when you walk
across fields. He tangled in my hair and went into my organism
on mountain air that is heading seawards.

It wasn't black, it was golden and pink. His hands, fretful
like a new-born babe's, wanted everything. He clamped on my
breast and I gave him my dark milk.

Because his words were the umbilical cord he dangled
from my mouth.

Because his non-voice was my future tongue.

I'll breast-feed no child more sadly, more anxiously.

Particular lloga apartament
completament equipat amb l'aigüera bruta

Particular lloga apartament completament equipat amb
l'aigüera bruta. És una brutícia real. No és una acció poètica.
No és per fer bonic a les orelles. No és per distreure els especta-
dors. No és per épater. No és per fer paté. Aquí cap oca ha estat
torturada amb l'embut dels mil quilos de gra infectat que li
inflaran el fetge per al teu paladar de gourmet. L'esquela potser
s'escriu en francès, de foie. De foix. Il faut. Ma faute. Se me'n
fot. Semen fort. Semen dic. Sé el que em dic. Som animals. Sóc
animal. La meva poesia és animal. Put a líquid vaginal. Put a bès-
tia. Put a bèstia que surt de la perruqueria. Put a amoníac que li
han posat al cap. Decoloració hepàtica que s'empassarà trenta
ovelles. Desesperació del pastor. La no-ovella que no-pareix. Que
no-dóna llet. Que viu sense esperança de veure sobreviure les
seves cèl·lules en clons de generacions anodines. Que en nega
l'esperança. Particular lloga. Hauria sigut Ballarina. Hauria sigut
pianista. Hauria sigut cuinera. Hauria sigut pintora. Hauria sigut
res. Hauria sigut aigüera bruta.

Private Let of an Apartment,
Complete with Filthy Sink

Private let of apartment complete with filthy sink. It is real filth. It's no poetic act. It's no sound nice on the ear. It's not to amuse the viewers. It's not to épater. It's not to make pâté. No goose tortured here with thousands of kilos of infected seeds swelling its liver for your gourmet palate. The obit can be writ in French, may be, de foie. De foix. Ma foi. Il faut. Ma faute. Fuck my fault. Seemingly. Semen strong. Semen I say. I know what I'm saying. We are animals. I am animal. My poetry is animal. Stinks of vaginal discharge. Stinks of beast. Stinks of beast leaving hairdressers. Stinks of ammonia put on his head. Hepatic discolouration engulfing thirty sheep. Shepherd's despair. Non-sheep non-birthing. Non-lactating. Living without hope of seeing their cells survive in generations of anodyne clones. Denied that hope. Private let. Might have been a ballerina. Might have been a pianist. Might have been a chef. Might have been a painter. Might have been nothing. Might have been a filthy sink.

Mirant la nevera

De bat a bat. Eixarrancada. Les lleixes buides. No he nat a comprar. No he nat... No he nat... Nonat. Nativitat. No he nat. Culminació del consum, consumint-me. M'alimento del mugró de la popa de la mare eterna. Sóc tan forta com la volva de neu que sap no desfer-se en el seu caure abissal cap als lloms de la terra. No he nat a comprar. Ell tampoc va nar a comprar. Hi ha una altra cosa. Una cosa que no recordo. La cosa és part de mi com el fetge que mai m'he vist. Com el cervell que mai m'he vist. Com aquell replec de budell ocult. Com tot el que he oblidat mentre recordava. Hi ha coses de mi que mai veuré i que, no obstant, podré veure en els altres. Eixarrancada. No he nat a comprar. No hem nat a comprar. Consumant-me. Com sumant-me.

Looking at the Fridge

Wide-open. Splayed. Empty shelves. I've nat been shopping. I've nat... I've nat... Nonnatus. Nativity. I've nat... Galloping consumption, consuming me. I feed on the nipple of the eternal mother's dug. I am as strong as the snow-flake that can't melt on its precipitous fall to earthly slopes. I've nat been shopping. He's nat either. There's something else. A thing I don't remember. That thing is part of me like the liver I have never seen. Like the brain I have never seen. Like the twist secluded in my intestines. Like everything I forgot while I was remembering. There are bits of me I'll never see but I'll see in others. Splayed. I've nat been shopping. We've nat been shopping. Consummating myself. My summation.

Dead Woman

O LA DORMENT DE LA VALL

Estirada sobre una vall, on canta un riu, l'aigua cau envoltada per cims gegants, i l'herba fresca frega la nuca. Sens dubte estic somiant, vora els meus pensaments gencianes i lliris, l'àguila daurada i la fagina s'encanten vall enllà entorn dels avets i els vells pins negres. Dins meu hi creix la molsa i la llum. Les meves extremitats són dos troncs enmig del camí. Vora meu, el cadàver d'una vaca del ramat, amb el número encara penjant del crani, s'extasia veient els núvols que passen, es formen i es desfan contínuament. No n'hi ha cap que duri gaire i la seva superfície pateix canvis constants. Jo assajo sota la llum pèrdues de forma, canvis i cinc morts sobtades. El cel em fa prendre ombres diverses, parracs de llum em regalimen entre els dits, quan un insecte es posa sobre meu i el caço feta un monstre de l'espai interestel·lar. No veig com l'insecte està aterrit, a punt d'una parada cardíaca, i l'acabo aixafant amb una total indiferència entre els dits on em deixa un líquid fosc i verd. No sento cap tipus de dolor. No sento res. Sóc l'àguila que arrenca el cap del rosegador. Faig el que m'empeny a fer natura. Ve l'hivern. Al meu nas ja no arriba l'olor de molsa, herba, bosc, cel. Fa una mica de fred. Jec sobre un sofà gran amb dos dits tacats. L'espai, ara ho veig, és blanc. Dormitejo. Mig desperta. Em giro delicadament. Tinc una bala de plata dipositada prop del cor. Camino amb ella des que vaig néixer.

Dead Woman

Lying in a valley, where a river sings, water streams down huge
peaks, and cool grass brushes my neck. No doubt I am dreaming,
by the side of heartsease, gentian and lilies, the golden eagle
and stone marten weave spells above the valley between firs and
old black pines. Lichen and light grow inside me. My extremities
are two trunks in the middle of the track. Next to me, the carcass
of a cow from the herd, its number still dangling from its skull,
ecstatic to see passing clouds keep forming and falling apart.
Barely one lasts and their surfaces constantly change. Beneath
the light I rehearse loss of shape, mutation and five sudden
deaths. The sky regales a variety of shadows, scraps of light slip
through my fingers, and then an insect settles on me and I
hunt it turned monster from inter-stellar space. I don't see how
terrified the insect is, on the verge of cardiac arrest, and casually
crush it between my fingers where it trickles dark green. I feel
no sorrow. I feel nothing. I am the eagle ripping off a rodent's
head. I do what nature impels me to do. Winter is coming. The
smell of lichen, grass, woods, sky no longer reaches my nose.
It is rather chilly. I am lying on a big sofa with two stained fin-
gers. The space, I now see, is white. I doze. Half-awake. I turn
over, gingerly. A silver bullet is lodged near my heart. I have
carried it from birth.

Tribut a la bellesa

Els dits sostenen el cap d'un escamarlà. N'ixen fluxos rojos i
negres. Els llavis amb deler xuclen. La gola s'empassa líquids
mortuoris delicadament barrejats amb salses de fruites i flors.
Fetus morts tremolen a les parpelles excitades de la dona i, sota
els bellíssims ulls, ploren els dels nadons morts arrencats a les
seves mares. Després Ella es posarà la pell d'un animal
fort i salvatge, sota la qual habitaven venes, sang i músculs. Amb
les restes del cadàver sobre les espatlles, sortirà. Majestuosa.
Plena de glamur, vísceres i sang.
    Perquè l'adorem.
    Passarà pel meu davant i me n'enamoraré durant
un espetec de segon que es fondrà com una bombeta al meu cap.

Tribute to Beauty

Her fingers grip a langoustine's head. It dribbles red and black. Her lips suck blissfully. Her gullet downs lethal liquid delicately fused with fruit and floral sauces. Dead foetuses shudder on the woman's lusting eyelids and beneath her gorgeous eyes weep eyes of dead babes torn from their mothers. Then She dons a tough, wild animal hide, under which veins, blood and muscle once lived. And sallies forth with the corpse's remains on her shoulders. Majestic. Full of glamour, entrails and blood.

So we worship her.

She walks by me and I am stricken for a flash of a second that will melt like a light bulb in my head.

Massacres

El càtar assassinat per la mà d' Innocenci III.
La mare primerenca que morí amb el fillet a les entranyes
   dins Nagasaki.
L'orfe de tres anys del camp d'Auschwitz que només deia
   una paraula.
Tots dins les massacres. I no passà res més.
S'estaven allí entre piles de cadàvers.
No importaven. Ningú en parlà. Ningú els distingia. Eren
   un tot.
Com una muntanya. Més. Com una serralada.
Allí deixats. Escapant de la solitud de néixer.
Cada naixement una solitud. Cada mort també. Però ells
   barrejats,
sobre el terra, damunt l'herba que se'ls menjava.
Fins que algun voltor del cel. I de sobte volaren. O guineu.
   Volaren. Corregueren.
Cap Déu no els va premiar. Tu vas ser bo, tu vas ser dolent.
Només animals que anaven a consolar-los. Animals. Com
   en vida.
Animals venien. Amb boques petites o més grans. També.
Venien núvols. Amb les boques blanques de núvols.
Els Núvols plovien, els animals els abraçaven.
Jugaven a foc amb pedres. Venien a ells arbres.
Que ho digui, això, també la Història.

Massacres

The Cathar murdered by the hand of Pope Innocent III.
The young mother who died with her child inside her
      in Nagasaki.
The three-year-old orphan in Auschwitz who could only say
      one word.
All part of a massacre. And that was that.
They stayed there among piles of corpses.
They didn't matter. Nobody mentioned them. Nobody singled
them out. They were
      a mass.
Like a mountain. More. Like a whole range.
Abandoned there. Escaping the solitude of being born.
Every birth a solitude. Every death too. But
      embroiled,
on the soil, on the grass that's eating them.
Even the odd vulture out of the sky. And suddenly they flew.
Or a fox.
      They flew. They ran.
No God rewarded them. You were good, you were bad.
Only animals went to console them. Animals. As
      in life.
Animals came. With small or bigger mouths. As well.
Clouds came. With mouths cloudy white.
The Clouds rained, the animals hugged them.
They played at fire with stones. Trees came to them.
Let History say that, as well.

Toc-toc, ¿hi ha algú aquí?

Estava intentant veure si podia comprendre el mort, sense ser
jo un mort. L'observava. Li xuclava l'aire que li havia quedat als
pulmons, caverna bronquial, gran barrera de coralls. Tot intent
de raciocini xocava, amb l'asfíxia i inanimat, tornava a la super-
fície. Surava sobre l'aigua. L'aigua no és cap pregunta. L'aigua no
té capacitat de pregunta només d'onada. Millor preguntar amb
el somni o amb la carn. Comprendre un mort sense ser un mort.
Comprendre un arbre sense ser un arbre. Comprendre Wollon-
gong, Ottawa o Port Moresby sense ser Wollongong, Ottawa o
Port Moresby. Comprendre comprendre. ¿Hi ha algú allí? ¿Hi
ha algú aquí? Sento per ell una lascívia sobtada que em puja des
de la vagina fins al coll i em travessa els pulmons com una ferida.
Toc-toc, ¿hi ha algú aquí? Tots els meus ossos se'n deleixen. No
puc estar-me de mossegar-li els peus i llepar-los-hi amb la boca.
¿Hi ha algú aquí? L'odio voluptuosament mentre li refrego els
pits pels seus llavis lívids. ¿Hi ha algú aquí? No puc estar-me
de mossegar-li els somnis, d'assotar-los amb dàlies, roses,
clavells i crisantems de color. De lligar-los amb la corda negra.
I arrossegar-los mentre corro descalça per un territori sense
color d'Alaska. Confessa que ho saps o que no ho saps. És blanc.
Són blancs. Deixa'm pensar la resposta.

Knock-knock, is Anyone There?

I was trying to see if I could understand the dead man, without being dead myself. I observed him. I sucked the air that remained in his lungs, his bronchial cavern, his great coral reef. Every attempt to reason clashed with asphyxia and the inanimate, returned to the surface. Drifted on water. Water isn't a question. Water cannot question, can only be waves. Better to ask with dreams or flesh. Understanding a dead man without being dead. Understanding a tree without being a tree. Understanding Wollongong, Ottawa or Port Moresby without being Wollongong, Ottawa, or Port Moresby. Understanding understanding. Is anyone there? Is anyone here? I feel a sudden lust for him surge from my vagina to my neck, crossing my lungs like a gash. Knock, knock, is anyone there? All my bones deliquesce. I can't stop nibbling his feet and licking them with my mouth. Is anyone there? I hated him voluptuously while I rubbed my breasts over his livid lips. Is anyone there? I can't stop nibbling his dreams, whipping them with dahlias, roses, carnations and colourful chrysanthemums. Tying them on with black string. Dragging them behind me as I run barefoot over a terrain that's not a colourless Alaskan hue. Admit you do or don't know. It is white. They are white. Let me think of a reply.

El guant de plàstic rosa

Arriba un guant de plàstic Rosa, li dic hola guant de plàstic Rosa, has vingut. Si véns és que algú t'envia, algú que sap el preu del pa i de la llet i coses útils. Algú que pensa en mi i t'envia. Algú que pensa: s'ha trobat un mort dins de l'aigüera, algú que sap el que pot ser la vida. Algú que entén el que és ja la meva vida. Un ésser excepcional. Un ésser que no ha nat a cap escola. Un ésser que pensa en mi i que sap que allò que necessito no és una Bíblia, no és un cadastre o un llistat electoral o una llista de noces, sinó un guant de plàstic rosa. No un significant sinó un guant. No un significant sinó un Rosa. El tutú rosa sobre les cames esveltes i musculades de la ballarina-cigne del ballet de Moscú. I sobretot la idea d'introduirse dins del guant. La cuirassa del guant. L'ànima entrant dins el guant i el cos entrant dins l'ànima. Si aquest algú sap la sortida que la digui. Que digui per exemple, camines tot recte i torces als tres-cents anys llum a la dreta i després et desplaces cap al pol nord de la primera magnitud imantada, i allí davant traspasses la porta de la cuina, agafes el davantal, el fregall, la màscara de Santa Ana de Teloxtoc, on encara s'aprecien el nas, parts de la boca i la mandíbula. I comences el ritual. Com feien els reis i els sacerdots de l'antiguitat el comences, amb una vestal mirant-te, el comences.

The Pink Plastic Glove

A Pink plastic glove arrives, I say hello, Pink plastic glove, you've arrived. If you're here, it's because someone sends you, someone who knows the price of bread and milk and other useful stuff. Someone who's thinking of me and sends you. Someone who thinks: a dead man has been found in the sink, someone who knows what life can be like. Someone who understands what my life is now. An exceptional being. A being who did nat go to any school. A being who thinks of me and knows that what I need is not a Bible, is not property or an electoral register or a wedding list, but a pink plastic glove. Not a signifier but a glove. It's not a signifier but a Pink. A pink tutu on the slender, muscular legs of the Moscow ballet's ballerina-swan. And, above all, the idea of slipping into the glove. The glove's carapace. The soul entering the glove and the body entering the soul. If this someone knows the way out, say it. Say, for example, walk straight on and turn three hundred light years to the right, then shift to the north pole of the first magnetic magnitude, when there, go through the kitchen door, take the apron, the scourer, the mask of Santa Ana of Teloxtoc, where one can still trace the nose, parts of the mouth and jaw. And begin the ritual. Like the kings and priests of antiquity would do, you commence, watched by a vestal virgin, you commence.

Tot provenia de la cuina

Aleshores em vaig posar un davantal:
tot provenia de la cuina.
M'hi vaig acostar com un caçador a la presa.
Per rere les cadires que recordant la saba morta fullaven cap
    al sostre.
Avançant.
Rere les llunes que ombrejaven el meu pas espantadís.
Em vaig estrènyer bé el llaç de la memòria.
Era sóc seré una dona.
Mai parlaria el llenguatge simplista dels poetes mascles. La lírica
ferotge de l'animal esgarrapava aquelles frases
    homenívoles,
aquells tels d'aranya que tapaven el meu ésser secular
i emmordassaven la meva ànima.
Avançant.
Hi aniria. Hi vaig anar. Hi anava.
Amb la celeritat d'una vaca a la sal.
Travessant els prats alpins del passadís. La memòria de les
    roques.
Xipollejant els tolls del rierols amagats a la mirada. Emergint
entre els pics elevadíssims del meu ancestre
    romànic.
Als fogons. Al centre.
Avançant.
Els cucs descolorien un somriure on es passejaven
    embogides quatre dents.

Everything Came from the Kitchen

Then I put on an apron:
everything came from the kitchen.
I approached it like a hunter going after his prey.
Behind the chairs that recalling dead sap branched out
        to the ceiling.
Advancing.
Behind the mirrors casting a shadow on my fearful step.
I tightened the bow of memory.
I was am will be a woman.
I will never speak the simplistic language of male poets.
The animal's savage song scratched those
        virile phrases,
those spiderwebs that covered my secular being
and gagged my soul.
Advancing.
I would go there. Went there. Was there.
Quick as a cow after salt.
Crossing the alpine meadows of the corridor. Remembering
        the rocks.
Splashing the depths of streams hidden from sight.
Emerging amid the soaring spires of my
        Romanesque ancestor.
To the stove. To the centre.
Advancing.
Bugs mired a smile where strolled
        four insane teeth.

La piorrea feia caure les frases d'aquell cervell embadocat
     per parets de rajoles tràgiques. Es veia.
Era un espectador del seu propi espectacle,
el mort, i es podria a la meva aigüera.
Vora la paella reumàtica de les ablucions i les guerres.
Vora la sal de la rosa marina que emergia lluitant amb l'iglú
     de pestilències.
Vora la cullera que s'enfonsava en un toll d'àcid úric.
Em vaig posar el guant de plàstic rosa.
Avançant.
La podridura es concentrava com la del cadàver dins el taüt. La
pestilència recorria tota la casa.
Era una boa fètida que m'estrenyia el cor mentre
el qui es podria parlava per al públic de les butaques de la
     ment.
Retrocedint.
Es podria
M'havia podrit. M'hagués podrit. Em podriria. Si em podrís. Es
podrirà. Es podreix.
No tenia consistència ni tan sols consistència.
Li veia el crani. I les ungles negroses dels peus.
¿Quan l'havia deixat entrar?
Avançant i retrocedint.
Em vaig asseure al sofà que treia fulles acidulars de pi, fet
     bosc vivent i tremolós, fet esbarzer als meus peus on
s'emboletava i fruïa llençant-me colobres enmig del
camí del pensament.
I la serp negra del sol.
Aturant-me.

Pyorrhea dropped sentences from that dazzled brain
down walls of tragic tiles. He saw himself.
He was a spectator at his own spectacle,
    the dead man rotting in my sink.
Next to the rheumatic pan of ablutions and wars.
Next to the salt from the marine rose that emerged fighting the
    pestilential igloo.
Next to the spoon that sank in a stream of uric acid.
I pulled on the pink plastic glove.
Advancing.
The rot concentrated like a corpse in a coffin.
The plague invaded the whole house.
It was a fetid boa strangling my heart while
the rotting man spoke to the public in the stalls of the
    mind.
Receding.
He was rotting.
He had rotted me. He may have rotted me. He would rot me.
If he were to rot me.
He will rot. He is rotting.
He had no consistency, not any consistency.
I saw his skull. And his blackened toenails.
When had I let him in?
Advancing and receding.
I sat on the sofa that was sprouting bitter pine leaves, became
    a living, shaking wood, became a thorn-bush at my feet
where it gorged on mushrooms and enjoyed throwing vipers
across the tracks of my thought.
And the black serpent of the sun.
Stopping me.

¿Fins quan? Aturar-se no existeix.

Existir no existeix. Existir és inexistència.

¿I si el denunciava?

Avançant novament.

Amb una cigarreta encesa cap a la cuina.

Amb un pensament encès cap a la cuina.

Els vaig apagar sobre el seu ull miop.

Li va agradar. Va tenir un orgasme.

Era sadomasoquista.

Observant.

Em vaig adonar que m'adonava massa de l'adonable. Tornant
enrere.

Tornant enrere.

Pels prats, pels rierols, lluny de les roques, de la sal. Fins al Sant
Crist romànic.

Fins al carreu romànic. Fins al llac romànic.

Esperant una decisió o una lluerna.

Esperant una espera o una taula binària o un escaquer
        místic.

Cavall avança. Peó retrocedeix. Rei mort. Ametlla guanyada.

Reina fuig.

Vaig encendre una altra cigarreta, per apagar-l'hi a l'altre ull.

Però no ho vaig fer.

Tornant enrere.

No volia donar més plaer al qui em podria l'aire
amb aquella olor nauseabunda.

No voler donar plaer és un gest.

Cap gest és innocent.

Cap innocent és gest.

Until when? Stopping doesn't exist.

Existing doesn't exist. Existing is non-existence.

And what if I betrayed him?

Advancing afresh.

With a lighted cigarette towards the kitchen.

With a lighted thought towards the kitchen.

I stubbed them out in his myopic eye.

He liked that. He had an orgasm.

He was sadomasochistic.

Observing.

I noticed I took too much notice of the noticeable.

Turning back.

Turning back.

Through meadows, through streams, far from rocks, from salt.

To the Romanesque Saint Christ.

To the Romanesque ashlar. To the Romanesque lake.

Waiting on a decision or an opening.

Waiting on a wait or a binary table or a mystic chessboard.

Horse forward. Pawn back. King dead. Rook won.

Queen flees.

I lit another cigarette, to stub out in his other eye.

But I didn't.

Turning back.

I didn't want to give more pleasure to the man rotting my air with that disgusting stink.

Not wanting to give pleasure is a gesture.

No gesture is innocent.

No innocent is a gesture.

Vaig recordar aquell vers que diu: *Quan no pots avançar endavant endarrere o enmig, és el moment d'avançar.*
Avançant.
Avançant.
Vaig trucar al servei de la neteja.
Vaig trucar al servei de recollida.
Vaig trucar al d'animals exòtics i estrangers sense papers. Vaig demanar desinfectants, lleixiu espiritual i quatre coses més.
Vaig trencar l'himen del cel i va néixer un nou dia.
No sabia quina hora era.
Em vaig rascar l'aixella.

I remembered the line that says: *When you can't advance
      forward behind or through the middle, it's the moment to*
advance.
Advancing.
Advancing.
I rang the cleaning agency.
I rang the refuse collection service.
I rang the department for exotic animals and foreigners
      without papers.
I ordered disinfectants, spiritual bleach and a few things
      besides.
I broke the hymen of the sky and a new day was born.
I didn't know what time it was.
I scratched my armpit.

Mitologia infantil dels bous

Aquesta nit la filla infanta el pare, l'home pareix Déu, l'ocell
    alleta els gats, el mar desemboca al riu, la terra llaura
els bous.
Els bous no es coneixen l'un a l'altre.
Com dos ossos que no es coneixen i caminen junts tota
    la vida.
Vénen obrint camí
l'un vora l'altre i rere, la lluna com una rella
i sobre els dos, el sol com un jou.
Tot és finit. Espai i temps dins la capsa.
Enllà no existeix res concebible. Ni per a l'home, ni per a
    Déu.
Mars i rius, universos, canyes sacsegen la capsa que no es
    mou mai.
Que no se sosté enlloc.
I els bous dins amb les peülles salvatges dels avis de
    Mesopotàmia.
I nosaltres dins. I felins i ocells, dins. I el cel, un desert blau. Si
no arriba prou lluny, un ocell és una roca. I aleshores
esdevé infinit.
Quan això passa, es beu vi i es puja la filla fèrtil als lloms del
més negre, Nit.
Nit i filla pareixen el fill i el fill esdevé pare.
La terra llaura els bous.
Els infinits es multipliquen al cel.
No hi ha prou cel per a tants infinits.

A Childish Mythology of Oxen

Tonight daughter sires father, man begets God,
    birds suckle cats, the sea
    flows into the river,
    the land ploughs
    oxen.
The oxen don't know one another.
Like two bones, strangers that walk together for
    a lifetime.
They open up a path
side by side and behind, the moon like a tine,
and above both, the sun like a yoke.
All is finite. Space and time in the ark.
Nothing conceivable exists beyond. Neither for man nor for
    God.
Seas and rivers, universes, reeds shake the ark that
    never moves.
That is tied nowhere.
And the oxen inside with the wild hooves of grandparents
    from Mesopotamia.
And us inside. And felines and birds, inside. And the sky, a blue
desert.
If it doesn't reach far enough, a bird is a rock. And then
    becomes infinite.
When that happens, wine must be drunk and the fertile daughter
mounts the back of the blackest Night.
Night and daughter sire the son and the son becomes father.
The land ploughs oxen.
Infinities multiply in the sky.
There's not enough sky for so many infinities.

Desgel

Hi ha un cràter obrint-se a les entranyes d'una medusa. La ràdio ha dit que la temperatura pujarà encara més. Es desfaran els casquets polars com un tros de llana mal teixida i l'aigua tornarà a córrer lliure de gel. Hom ha de saber invertir en els cims immobiliaris. Els àtics tocaran la terra. Els taüts besaran el cel. A l'esquena del meu mort hi creixerà una illa negra. Dels peus en sortiran herbes. Li fluiran llim i escorça verda per la boca. Algú pot pensar llavors que és un bosc. Algú pot pensar que és una roca. Que és una roca que neix i toca l'aire amb el seu sistema Braille. Però és llim i escorça, llavors, i és una papallona blanca com una paraula sense llar. Desconeguda, llavors. Tan vella que no té ni memòria de memòria. Una paraula que ve de la caverna de la veu. Quan li surti llim i escorça per la boca, quan les flors treguin ales i es neguin a ser collides per fer-ne poms de mort als gerros del Transparent.

Defreeze

There is a crater opening in the entrails of a jelly fish. The radio said the temperature will rise even higher. Polar icecaps will fall apart like pieces of poorly woven wool and water will flow free of ice once more. One must learn how to invest in high-rise peaks. Attics will touch the ground. Coffins will kiss the sky. A black island will grow in my dead man's back. Weeds will sprout from his feet. Mud and green bark will flow from his mouth. Somebody may then decide he is a wood. Someone may decide he is a rock. He is a rock that is born and touches the air with its system of Braille. But he is mud and bark, I mean, and a butterfly white as a word without a home. Unknown, I mean. So old it hasn't even a memory of memories. A word that emerges from the voice's cavern. When mud and bark surge from his mouth, when flowers grow wings and refuse to be picked, to be posies of death in vases of the Transparent.

Fregall

Amb l'aspresa del fregall de color verd, com un prat verd, rasco,
mentre intento amb la mandíbula serrar el teu nom dins de la
cavitat cranial, que ja n'és plena, de noms, I sobre els noms les
pedres, i sobre les pedres els continents, i sobre els continents
les necròpolis dels astres, quan una pluja intensa ho esborra
i em llepa els llavis perquè digui i digui i digui. I no calli més.

Així que rasco, frego fins que em faig sang i de la sang en neixen
roques amb un cor clos al dedins. I de la boca em cau un nom
que rodola fins allí on els cavalls llepen l'ombra dels ocells que
no poden volar.

Scourer

I scrub with the green scourer, green as a meadow, while with
my jaw I try to etch your name in the cranial cavity, that is
already full of names, and on the names, stones, and on the
stones continents, and on the continents necropolises of stars,
when a heavy downpour erases it and licks my lips urging me
to speak, speak, speak. And never be silent.

And so I scrub, I rub till I bleed and rocks spring from my blood
that enclosed a heart. And a name falls from my mouth and rolls
down to where horses lick the shadows of birds that cannot fly.

Animals extingits

Va quedant vora el remolcador de cels, tot d'animals extingits i barcasses plenes de noms buits. El seu objectiu és guiar acuradament, transferir, acompanyar la maniobra d'entrada i sortida, la col·lisió amb l'estructura sense terra ferma, sense mar, sense aire, la missió d'atracada al port d'ales fosques. Aquí té lloc. Aquí els veig: ós mexicà, ós mexicà, dofí xinès, dofí xinès, àguila de Haast, àguila de Haast, xut de Nova Zelanda, zebra de Sud-àfrica, antílop blau, tigre de Tasmània, tigre de Tasmània, tigre persa, tigre de Bali, ocell dodó, ocell dodó, pingüí gegant, gripau daurat, llop japonès, llop japonès, foca monjo del Carib, cabusset de Guatemala, cabusset de Guatemala, emú negre de l'illa King, cérvol de Tailàndia, cérvol de Tailàndia, rinoceront vietnamita, au monarca de Guam, au monarca de Guam, lleopard de Zanzíbar, colom viatger, colom viatger, gran papallona blanca de Madeira, boa de l'illa Rodona, ualabi dels deserts d'Austràlia, ocell Kakawahle, ocell Kakawahle, marmosa gràcil de panxa vermella, gasela de la reina de Sheba, lleó marí japonès, gripau daurat, gripau daurat, ase siri salvatge, bisó caucàsic, bisó caucàsic, vaca marina de Steller, lleó de l'Atles, lleó de l'Atles, lloro Guaa-obi, lloro Guaa-obi. Per un moment em sembla que cacen, corren, canten, neden, habiten, reposen, maten, gesten, s'enfonsen. Aquí els veig. Aquí té lloc. Traspassen el visible i l'invisible. Ni viuen ni moren. Ja no són ni una cosa ni l'altra.

Extinct Animals

The tugboat in the sky is drawing near, packed with extinct animals and barges full of empty names. Its aim is carefully to guide, transfer and accompany entry and exit manoeuvres, the collision with the structure without dry land, without sea, without air, the mission to dock in the dark-winged harbour. It is happening here. I see them here: Mexican bear, Mexican bear, Chinese dolphin, Chinese dolphin, Haast eagle, Haast eagle, New Zealand twit-twoo, South African zebra, blue antelope, Tasmanian tiger, Tasmanian tiger, Persian tiger, Bali tiger, dodo, dodo, giant penguin, golden fox, Japanese wolf, Japanese wolf, Caribbean monk seal, Guatemalan dabchick, King Island black emu, Thailand deer, Thailand deer, Vietnamese rhinoceros, Guam monarch, Guam monarch butterfly, Zanzibar leopard, passenger pigeon, passenger pigeon, Madeiran great white butterfly, Round Island boa constrictor, Australian desert wallaby, Molokai creeper, Molokai creeper, graceful red-bellied marmoset, Queen of Sheba gazelle, Japanese sea-lion, golden fox, golden fox, wild Syrian ass, Caucasian bison, Caucasian bison, Steller's sea-cow, Atlas lion, Atlas lion, glaucous macaw parrot, glaucous macaw parrot. For a moment I think they're hunting, running, singing, swimming, nesting, resting, killing, growing, diving. I see them here. It is happening here. They move through the visible and the invisible. They don't live or die. They're now neither one thing nor the other.

Visió del corb

Ells ja no, els ofegats al riu, els saltadors de finestres, els qui escolliren els ponts, o les bigues de fusta, ells van fer un descobriment, van coincidir, van desitjar, s'hi van negar.
 Passar la vida menjant morts per arribar a ser un mort.
 Ser ventre.
 Els nens que no acaben de néixer, arrencats del budell, separats de la boca intestina que els alimentava, en són.

Amb el bec ple de fang surt volant el corb amb un cuc petit a la boca. Sobre un prat verd i immens, muntanyenc, i un cel blau d'un blau d'immensitat. El cuc tremola. El corb s'eleva. El cuc s'eleva. El corb tremola. El cuc diu mare. El corb diu terra. El cuc diu cel. Jo dic ulls. Jo dic aliment i vida. Jo dic
bellesa.
 Ell ja no. Ells ja no. Van coincidir. S'il·luminen de blau.

Crow Vision

They are gone, the river's drowned, those who jumped from
windows, they who chose bridges, or wooden beams, made a
discovery, they coincided, they desired, they refused.
    Spending life eating the dead to become dead.
    To be a belly.
    Unborn children, snatched from the gut, separated from
the mouth of the tube that fed them, asleep.

The crow flies off, beak full of mud, a small worm in its mouth.
Over a huge, green, mountain meadow, and a blue, deep blue
sky. The worm squirms. The crow soars. The worm soars. The
crow squirms. The worm says mother. The crow says earth. The
worm says sky. I say eyes. I say food and life. I say
beauty.
    It is gone. They are gone. They coincided. They
incandesce blue.

Servei de recollida

En treure l'home que es podria
hem pogut observar
la presència d'un segon cos.
La propietària, en ser requerida,
s'ha mostrat completament atordida
alhora que semblava reconèixer el nou finat
i demanava que no ens l'emportéssim.
Li hem explicat que el servei
ho incloïa tot, fins i tot tercers i quarts cossos.
Hem hagut de seure i calmar-la.
Presentava un quadre d'ansietat creixent.
Els homes, li hem dit, no es moren igual que les dones.
Els arbres, li hem dit, no es moren igual que les roques.
Els ocells, li hem dit, no es moren igual que els núvols.
Les paraules, li hem dit, no es moren igual que les flors.
Mentre ens endúiem el segon cadàver,
li hem explicat que la factura
li pujaria el doble.
Això no ha semblat inquietar-la.
No ha muntat en còlera com les dones de les cases baixes.
Només deia: És clar que sí. És clar que és pulmó.
És clar que és batec qui roba. És clar que és fetge qui esclata.
Per a nosaltres molt millor.
No ha calgut cridar la policia o els de seguretat.
Hem marxat amb els cadàvers i ni s'ha girat.
Feia caure plomes dels dits d'un nen.
Ella nevava.

Collection Service

When removing the man who was rotting
we noticed
the presence of a second body.
The owner, when informed,
reacted in complete bewilderment
though seeming to recognise the new deceased
and asked us not to take him away.
We told her the service
included everything, even third or fourth bodies.
We had to sit her down and calm her.
She was a picture of growing anguish.
Men, we told her, don't die like women.
Trees, we told her, don't die like rocks.
Birds, we told her, don't die like clouds.
Words, we told her, don't die like flowers.
As we removed the second corpse,
we told her the bill
would be doubled.
That didn't seem to worry her.
She didn't rage like women in the low-slung houses.
She simply said: Of course. Of course it's a lung.
Of course it's a thieving heartbeat. Of course it's an exploding liver.
Much better for us.
No need to call the police or the security guys.
We left with the corpses and she didn't look back once.
She made feathers fall from a child's fingers.
She was snowing.

Serveis socials de salut mental

Acompanyada per la bella gossa funerària, arriba la Psiquiatra dels Morts. Duu un pentinat molt bonic, crepat, que la fa dos metres més alta. El duu per estar a l'alçada. En realitat ella només fa cinc centímetres.

Es dirigeix al nostre mort que ni vol acceptar que està mort ni deixa de molestar els altres morts.

No para de cridar sa mare que cuini un altre ànec rostit al forn per a la gossa, mentre a ell només li prepara un sandvitx ple de colesterol, com ha fet sempre. Insulta els seus ex-sogres. Piropeja totes les dones que passen prop del seu penis, convida els homes a acompanyar-lo a qualsevol bon bordell de la comarca, i truca per telèfon per treure un passatge que el dugui a la terra d'en Roque Dalton o d'en Papasquiaro, si pot ser per Nadal per no haver d'aguantar la família.

Reclama agressivament alcohol o qualsevol droga.

Estàs mort, la Psiquiatra li diu.

Vine i et foto un clau i veuràs si estic mort, ell li contesta.

Li recepta Diazepam 500 i liti.

És un mort neuròtic, tòxic, esquizofrènic, bipolar. Fins i tot psicòtic.

Això ja se sabia.

La Psiquiatra pren nota de tot.

De les immobilitats i dels no-moviments.

Després marxa corrents amb la gossa a atendre altres finats.

La salut mental no és gens bona entre els morts.

N'hi ha molts que no paren de suïcidar-se.

Matar la mort, ells en diuen.

Social Services for Mental Health

The Psychiatrist for the Dead arrives with a beautiful funereal
dog. She has a really pretty, steepled hairdo that makes her two
metres taller. She does so, so as to be up to it. In fact she's only
five centimetres.

She heads towards our dead man who refuses to accept
that he is dead and won't stop annoying the other dead.

He keeps telling his mother to roast another duck in the
oven for the bitch, while she gets a cholesterol packed sandwich
for him, as she always does. He insults his old in-laws. He flirts
with all the women who walk by his penis, he invites the guys to
accompany him to any of the good local brothels, and phones
to order a ticket to take him to the land of Roque Dalton or Papas-
quiaro, preferably for Christmas, so he doesn't have to put up
with his family.

He aggressively demands alcohol or drugs.

You're dead, the Psychiatrist tells him.

Come and I'll fuck you and you'll see if I'm dead, he tells her.

She prescribes Diazepam 500 and lithium.

Dead, he is neurotic, toxic, schizophrenic, bipolar. Even
psychotic.

That came as no surprise.

The Psychiatrist takes a note of everything.

Of his non-movements and still phases.

Then she rushes off with her bitch to attend to
the other deceased.

The mental health of the dead is never good.

Many of them keep committing suicide.

Killing death, they call it.

Amb els de les cambres
frigorífiques del tanatori

La realitat no té realitat. Des de dins dels ulls: aquest és el paisat-
ge! El petit falciot amb qui ens miràvem fixament hores i hores.
S'està sobre la meva mà. Vull ensenyarlo a volar. L'alimento. Però
no me'n vaig sortir. Recordo el seu trànsit. Vaig viatjar dins el
seu trànsit. Només aquella vegada vaig voler ser Déu, vaig patir
per no ser Déu. Sóc massa vell per recordar coses recents. He
tingut una mort ràpida. Ara ell, negre i brillant, em desperta.

Estava removent el bibimbap amb l'oli de sèsam i el gochujang.
M'havia begut ja unes quantes cerveses Taedonggang. La meva
dona de pell blanca estava distreta fullejant la carta del restau-
rant coreà: anava a demanar finalment alguna altra cosa. No es
trobava bé. Jo vaig començar a menjar quan va passar. Un tros
de carn se'm va posar dins del conducte de la respiració i em
va ofegar. No deixa de tenir gràcia que hagi mort tip com un ric
d'aquells que somiava quan de petit travessava el poblat, es-
quivant les piles de famílies que es podrien pels carrers sobre el
mateix terra. Anava a buscar menjar. Més mort que viu. Per un
tros de carn com aquest que m'ha matat, hauria matat o donat
la vida!

¿En quina realitat som ara? Fa molt de fred. La meva àvia diria
que entrant al país de les ànimes. «Mbamba alu. Akiba. Y'o num
vah? O yaha?». ¿És un país invisible? ¿És diferent de l'altra reali-
tat? Estem a punt de deixar de recordar-nos.

Accompanying the Inmates
of the Thanatorium Freezers

Reality has no reality. Inside our eyes: this is the panorama!
The small swallow we've been staring at hour after hour. It's on
my hand. I want to teach it to fly. I feed it. But I don't succeed.
I remember its flight. I travelled inside its flight. Only that once
did I want to be God, did I suffer because I wasn't. I'm too old
to remember anything recent. I died rapidly. Now, all black and
shiny, it wakes me up.

I was stirring the bibimpap with sesame oil and gochujang. I'd
already drunk several Taedoggang beers. My white-skinned wife
was happily perusing the menu in the Korean restaurant: she
was finally going to order. She didn't feel well. I started eating
when it happened. A piece of meat got stuck in my respiratory
channel and I choked. It is rather amusing that I died like one
of those rich men I dreamed of when I walked through our
village when I was a kid, dodging the heaps of families rotting
on the streets, on the ground in front of me. I was going to get
food. More dead than alive. For a piece of meat like the one that
killed me, I would have killed or given my life!

Which reality are we in now? It's very cold. My grandma would
say entering the land of souls. 'Mbamba alu. Akiba. Y'o num
vah? O yaha?' Is it an invisible country? Is it different from the
other reality? We are about to stop remembering ourselves.

Jo vaig sortir d'una xabola de Sidi Moumen. Allí jugàvem a futbol entre piles d'escombraries, quan se'm va aparèixer Déu. Venia disposat a matar per Al·là. Però abans Al·là m'ha matat a mi.

Morir de vella diuen que és el natural. Volia ajudar la família, vaig deixar el país amb una de les nétes. Ara ella és una bonica prostituta eslava i una bona noia. M'ha dut la meva capsa de costura perquè pugui entrar al cel cristià. Les meves tisores, el fil. Però que vigili que cap gat no passi per sota de la caixa, hauria de clavar-me, llavors, un altre ganivet al cor. I és massa sensible.

Fa molt de fred. És un hivern a Suècia amb el meu oncle matern. Sortir per la neu. Foradar el gel. Foradar la vida. Com em miraves abans d'ara. Foradar la mort. A l'altra banda del gel. Torna. Tiro la canya amb l'ham suculent. L'ànima blava, d'un blau transparent et parla amb paraules que són peixos. Hi ha tants matisos de blanc com d'inexistència. Ja no puc diferenciar la realitat de la imaginació del somni. Tot em sembla un, no els puc distingir. Carrego el meu gran jo caucàsic, com Hèrcules carregava tota una serralada. En faré la meva tomba, si no tornes.

I came from a hovel in Sidi Moumen. We were playing football among piles of rubbish when God appeared to me. I was ready to kill for Allah. But Allah killed me first.

They say it's natural to die an old woman. I wanted to help my family. I left the country with one of the granddaughters. Now she's a pretty Slav prostitute and a good girl. She's brought me my sewing-basket so I can enter Christian heaven. My scissors, my thread. But make sure no cat walks under the coffin, then I'd have to thrust another knife into my heart. And it's too sensitive.

It is very cold. It's a winter in Sweden with my maternal uncle. Striding over snow. Drilling the ice. Drilling life. Like you looked at me previously. Drilling death. On the other side of the ice. Come back. I cast my line and juicy bait. The blue, transparently blue animal speaks to you with words that are fish. There are as many shades of white as there are of non-existence. I can't tell reality from dream's imaginings. Everything seems one, I can't distinguish any. I carry my huge Caucasian ego, like Hercules carried a whole mountain range. I'll make it my grave, if you don't come back.

La maqilladora del mort

Va pintar el rostre. Primer amb l'agulla gruixuda travessà
    la paraula
mandíbula que li sonà a os i sortí per on l'aire entra, aquella
    cova.
Digue'm, digue'm si hi havia nius d'ocells allà dalt! Si àligues
prop dels cims quan ella, amb la tisora corba,
tallà la paraula fossa tallà la paraula tija tallà la paraula arbre
i el rostre semblà un abisme on jugava a viure o morir un
    petit cadell de bosc,
que es tambaleja dins la nit eterna,
belant a la seva mare arbre, mare llet, mare llum, mare llana.
I travessant la neu, Ella li va pintar al rostre,
un camí de tornada cap a ell mateix
enmig de la terrible tempesta.
Hi havia aquella llum blanca.
El fred s'abraçava a la pell ple de branques hivernals
i tot desprenia una olor intensa de sexe humit i terra.

Deadman's Facelift

She painted his face. With her thick needle she first crossed the
    word
jaw that resounded like bone and came out where air enters, that
    cave.
Tell me, tell me if there were bird nests up there! If eagles were
near the peaks when she, with her curved scissors,
carved the word grave carved the word stem carved the word tree
and his face seemed an abyss where a wild pup played at life or
    death, stumbling in the eternal night,
bleating for his tree mother, milk mother,
light mother, wool mother.
And crossing the snow, She painted his face,
a path back to himself
in the terrible tempest.
There was that white light.
The cold clung to skin full of wintry branches
and everything exuded a strong smell of wet sex and soil.

Davantals i vasques

Mentre són dutes a l'escorxador les vaques supliquen per les seues vides, llepant les mans dels homes que les sacrificaran. *Ma mare, diu el del davantal negre i llarg, quan em feia pastissos es posava un davantal de flors i em convertia en un petit Déu de la llar. La meva, diu el més jove, se'n posava un de blau amb puntes mentre em netejava l'habitació i cantava una cançó on jo sóc el seu àngel. Tu ets el meu àngel. Tu sempre seràs el meu àngel. Boniques vaques de mirada tendra, diu el de la boca de llop i ànima de lluna, amb un davantal com aquest però blanc, la meva es passava el dia tallant trossos de cadàvers rere un mostrador i jo la veia assegut en un tamboret alt, tan alt que entorn del meu cap volaven sis voltors i l'àliga de les neus eternes. Però... ¿per què vau néixer aquí? A l'Índia valtres i els vostres fills seríeu sagrats!*

Amoroses, elles acosten el cap als davantals que contindran minuts més tard la seva sang. Els llepen. Mares i filles els llepen. Ho saben. Ploren. No volen entrar a la nit callada.

Escolta'ns, els diuen pel llarg passadís que travessa la vida d'homes i coses i és la vida. Escolta'ns, els diuen i canten els poemes que fan plorar els núvols i tornar la pluja als prats segle rere segle. Però no la fam dels homes que ja sostenen l'esmolada arma.

Aprons and Cows

While they are led to the slaughterer the cows plead for their lives, licking the hands of the men who will sacrifice them.

My mother, says the one with the long, black apron, when she was baking me cakes, wore a flowery apron and made me the little God of our hearth.

Mine, says the youngest, wore a blue one with polka dots while she cleaned my bedroom and sang a song in which I am her angel. You are my angel. You will always be my angel!

Pretty cows with such tender gazes, says the one with a wolf mouth and moon soul, mine wore one like that, but it was white, and spent the day carving cuts of carcass behind a counter and I watched her sitting on a stool so high that six vultures and the eagle from the eternal snows flew around my head. But... why were you born here? In India you and your children would be hallowed!

Lovingly they lean their heads towards the aprons that minutes later will contain their blood. They lick them. Mothers and daughters lick them. They know. They cry. They don't want to enter the silent night.

Listen to us, they tell them along the long passageway that crosses the lives of men and things and is life. Listen to us, they tell them and sing poems that make the clouds weep and bring rain back to meadows century after century. But not the hunger of men who are already wielding their sharpened blades.

Ploraneres al tanatori

PLONERA 1
Jo tracto tots els morts com si fossin vius. Delicadament.
Els pregunto l'hora, si tot els està bé, si prefereixen un plor
més lent,
una llàgrima més rodona.
Hi ha morts molt mirats.

PLONERA 2
Li han extret imaginació i vísceres
amb l'erina fosca.
El cor reposa un moment sobre la taula dels versos
i algú diu que és una lluna d'estiu que batega.

PLONERA 3
Arriben els familiars.
S'obren les portes de l'abundància.
El mort fa recompte dels convidats,
que no en falti ni un.

PLONERA 2
El van buidant lentament.
Ara li extreuen els somnis amb un xuclador de vent.
Se'ls rebenta la bossa i els somnis s'escapen.
Un va a posar-se sota el barret d'una senyora.
És ja un somni adoptat.

Wailers in the Thanatorium

WAILER 1
I treat all the dead as if they were alive. Considerately.
I ask them the time, if everything's fine, if they prefer
a slower wail,
a more fulsome tear.
The dead can be very picky.

WAILER 2
They extracted his imagination and entrails
with a dark dissecting hook.
For a moment his heart rests on the table of verse
And someone says it throbs like a summer moon.

WAILER 3
Family arrive.
The doors of abundance open.
The dead man tallies up the guests,
lest anyone is missing.

WAILER 2
They empty him slowly.
Now they extract his dreams using a pipe to hoover.
Their bag bursts and the dreams escape.
One slips under a lady's hat.
It's now an adopted dream.

PLONERA 3

Circulen els recordatoris amb el nom dels parents.
Els pallassos negres saben que els ha arribat l'hora:
faran riure el mort, si res no els en priva.

PLONERA 1

Molts morts són com papallones de tardor.
Les esquitxa la llum i es fonen vora els baladres.

PLONERA 2

A tots més d'una vegada ens tocarà morir.
Jo vaig morir l'any passat.
Encara tinc al nas aquella furibunda olor de flor irades i
voluptuoses.
Ofegar un mort és cosa de pètals.

PLONERA 3

En tots els morts hi veig el mateix mort.
A aquell jo ploro, per sobre de tots els altres.

PLONERA 1

Es prega als assistents que no retinguin més sospirs i queixes.
que deixin les mandíbules caigudes.
Els missatgers del Gran Director del Dolor
precipiten dins el taüt obert rius i muntanyes,
falcons que criden com si volgués ploure
i un riu que es desborda ple de neus i d'amnèsies.

WAILER 3

Reminders circulate with the relatives' names.
The black clowns know their time has come:
they'll make the dead man laugh, if nothing stops them.

WAILER 1

Many corpses are like autumn butterflies.
The light splatters them and they melt by oleanders.

WAILER 2

We will all die more than once.
I died last year.
My nose still feels the strong scent of fierce,
voluptuous blooms.
Drowning a dead man is all about petals.

WAILER 3

In every dead body I see the same dead man.
I weep for him, over all others.

WAILER 1

Those present are begged not to repress more sighs and plaints,
to let their jaws sag.
Messengers from the Great Director of Sorrow
flood the open coffin with rivers and mountains,
falcons shriek as if wanting to rain
and a river overflows with snow and oblivion.

PLONERA 2
Com plora la dona que acaba d'entrar!
Plora en trenta llengües diferents
i trenta déus morts ressusciten per agombolar-li la pena.

PLONERA 3
Discuteixen acaloradament els pallassos negres
amb l'advocat d'ulleres de muntura que acaba d'arribar
i ja té una mà
sota les faldilles de la dona que plorava.
Tot fa una olor dolça, untuosa i amarga
de cérvol mesquer.
Déu es pixa de riure.

PLONERA 1
A l'altre costat del taüt obert hi ha un jardí
i un riu que hi corre.
L'aroma aquí es tan forta, que fins els somnis deixen de
respirar:
es tornen peixos brillants i s'amaguen dins el fang de les
aigües.

PLONERA 2
Els morts cal lligar-los als seus llits,
enverinar-los amb l'aroma de flors verinoses,
dàlies, malves, gessamins arnats, roses pretèrites.
Les seves ànimes els segueixen tèrboles.
n'esperen l'eternitat, com qui espera un autobús
a la parada equivocada.

WAILER 2

How the woman who just came in weeps!
She weeps in thirty different languages
and thirty-two dead revive to soothe
her sorrow.

WAILER 3

The black clowns argue heatedly
with the lawyer with rimmed specs who has just arrived
his hand already
under the skirt of the weeping woman.
Everything gives off the sweet, unctuous, bitter smell
of musky deer.
God pisses himself laughing.

WAILER 1

There is a garden on the other side of the open coffin
where a river runs.
The aroma is so pungent even dreams stop
        breathing:
they turn into glittering fish and hide in the muddy
        waters.

WAILER 2

The dead must be tied to their beds,
poisoned with scent from poisonous blooms,
dahlias, mallow, moth-eaten jasmine, faded roses.
Their spirits follow them into the mists,
they await eternity, like somebody waiting for a bus
at the wrong stop.

PLONERA 3
Finalment Déu arriba amb el capellà, el salpasser i dos
coloms blancs.
Ve mig suat amb la túnica blanca esbaldregada:
fa tard.
L'arribada de Déu sempre omple les butxaques.

PLONERA 2
Déu coneix la mort però no pot experimentar-la.
L'home l'experimenta però no la pot conèixer.
La tensió es palpa.

PLONERA 3
La família pren possessió del mort.
Sospesa amb usura nom, possessions.
Ossos, ronyons, pulmons, artèries, venes.
Ho vol tot. Tot és seu!

PLONERA 2
Tot és seu!
Però no l'ànima.
Cap ànima és engendrada.
Cap ànima és parenta d'altra.

PLONERA 3
Convidats i familiars van deixant la casa funerària.
S'han fet tres negocis i s'ha signat el naixement d'un nen
en una futura parella. I s'han reconciliat,
encara que per poca estona, uns vells amics.

WAILER 3

God finally arrives with priest, hyssop
and two white doves.
He's sweating in a white tattered tunic:
he's late.
God's arrival always fills pockets.

WAILER 2

God knows death but cannot experience it.
Man experiences it but cannot know it.
The tension is palpable.

WAILER 3

The family take possession of the dead man.
Parsimoniously weigh up name, possessions,
bones, kidneys, lungs, arteries, veins.
They want the lot. It's all theirs!

WAILER 2

It's all theirs!
But not his spirit.
No spirit is begat.
No spirit is related to any other.

WAILER 3

Guests and family are leaving the funeral establishment.
Three deals have been done and the birth
      of a child has been agreed
for a couple to be. And some old friends have made up,
though it won't last for long.

PLONERA 2

Tots naixem perfectes per a la mort,
malforjats per a la vida.

PLONERA 1

Una dona plora efusivament i provoca una tempesta de neu.
Es desprenen allaus de les regions closes.
Els llavis del mort s'omplen de flors i gebre.

WAILER 2
We are all born perfect for death,
cack-handed for life.

WAILER 1
A woman weeps effusively and provokes a snow storm.
Avalanches crash down from enclosed regions.
The dead man's lips fill up on flowers and frost.

Últimes Voluptuositats

Vull que m'enterrin despullat
amb el penis erecte marcant la posició 320 latitud Nord,
amb el peu dret sobre una roca de peix lunar
i l'estómac obert i cobert d'esperons de gall negre.
Vull que m'enterrin despullat,
que els convidats diguin quin penis més bonic tenia,
com en devien gaudir les dones en ser penetrades per l'anus,
        les vagines, les boques,
o en beure el seu líquid blanc escumenjanta, escumenjanta.
Mar blanca, mar blanca, mar escumejanta.
Jura'm que m'enterraran despullat i que tu vindràs
        despullada,
que no deixaràs entrar directors de banc o funcionaris
        d'hisenda,
ni carters portadors de males notícies. Jura'm que la meva
        carn resplendirà,
que el meu fetge serà mullat en alcohol, que el meu cervell,
        quan els cucs
faran un sopar fred amb el meu cos, transcriurà totes les
        poesies que mai he dites,
les transcriurà per la teva mà, que seré la mà amb què tu
        palpeges.

Voluptuous Finale

I want to be buried stark naked
with my erect penis marking position 32º latitude North,
with my right foot on a moonfish rock,
and my stomach opened and covered in black cockerel spurs.
I want to be buried stark naked,
and the guests to say what a lovely penis,
women must have enjoyed being penetrated in their anus,
their vaginas, their mouths
or drinking his white liquid spurting, spurting
white sea, white sea, sea spurting.
Swear they'll bury me stark naked and that you'll come
        stark naked
and won't allow in bank managers or tax
        collectors,
or postmen bearing bad news. Swear that my
        flesh will glow,
that my liver will be soaked in alcohol, that my brain,
        when worms
enjoy a cold buffet of my body, will transcribe all the
        poetry I have ever uttered,
transcribe them with the hand, the hand you use for
        fondling.

Mosques Pioneres. Far West

Ho vaig saber quan el vaig besar.
Ell no respirava.
Nedava en una humitat tumefacta i llefiscosa
plena de taques negres irregulars
que es desplaçaven cap a la còrnia, dins la pupil·la.
Baixaren les temperatures i arribaren llums polars dels
    boscos nòrdics,
semblava una aparició de déu, semblava que haguéssim
    d'estar morint-nos sempre,
que cel i infern s'apartessin uns centímetres de nosaltres,
    com si ens volguessin evitar.
Té això, besar un mort, ara ho sé:
la veu es torna compacta, infinita,
el sexe rígid entre les cuixes provoca l'oblit de tota memòria,
sense memòria l'ésser se'n va i l'animal ens lliura a la
    inexistència.
Els fills que no han de venir ens saluden en l'idioma dels
    eucariotes unicel·lulars,
s'acomiaden marxant cap a les sabanes immenses de la
    possibilitat.
No tenim temps ni d'assignar-los un nom, de fet ens volen
    robar el nostre,
deglutir-lo. Ni mort ni vida poden néixer en aquests instants en
què la sang empeny com una bèstia salvatge fermada
el cor habitant de la immobilitat.

Pioneer Flies. The Far West

(BEFORE CLOSING THE COFFIN)

I realised when I kissed him.
He wasn't breathing.
He was swimming in sticky, expansive dampness
full of crooked black blotches
that moved towards the cornea, inside the pupil.
Temperatures fell and polar lights shone from
      Nordic forests,
as if God put in an appearance, apparently we would
be dying forever,
heaven and hell moved centimetres away,
      as if wishing to avoid us.
Kissing a dead man is like that, I now know:
his voice becomes compact, infinite,
the stiff sex between his legs triggers loss of all memory,
without memory being goes and the animal releases us into
      non-existence.
Children who won't now come greet us in the language of
      single-cell eukaryotes,
say goodbye, stride off to the immense savannahs of
      possibility.
We don't have time to allot them a name, in fact they want
      to steal ours,
to swallow ours. Neither death nor life can be born in those
      moments
when blood, corralled like a wild animal, lashes
the heart inhabiting stillness.

Amor, capitalisme, religió, idees
s'evaporen perquè arriben elles,
les zumzejants deesses de silencis i cavitats,
afamades vénen, buscant terra vénen
de l'aigua fosca vénen,
a poblar tot el seu cos vénen,
a aquest salvatge oest sense ànima, vénen.

Love, capitalism, religion, ideas
evaporate before they arrive,
buzzing goddesses of silences and cavities,
come hungry, come looking for land,
come from dark waters,
come to inhabit his whole body,
come to this soulless, wild west.

Cementiri

Van fer aquesta ciutat per confondre'ns. S'hi entra seguint el Fil de la memòria. Cada caminant el seu propi fil. Són tots diferents. Diferents totes les sortides. Els guies ens hi duen. Tu vas a dins. Mai recordaràs aquest lloc. Hi ha lletres i números. Arbres sagrats. Sacerdotesses transformades en aus salvatges. Profecies. Caminem amb gent. Jo tampoc sabré tornar-hi. Nem entre xiprers. Voluptuosos. Els xiprers ens agraden. I també els roures. Posa'm dins d'un roure, com la Roudoreda. Ni mort pots deixar de fer bromes. Però no te les ric. Encara que t'enfadis. El cec Borges diu que som en un laberint. Jo dic de Boira. Que té olor muda i no cega. I sap transformar les façanes. No sabré tornar-hi. T'ho dic ara que encara estem junts. Mentre travessem efígies i àngels. Perquè ho sàpigues. De fet no es pot tornar enlloc. Sempre s'hi arriba per primera vegada. Contínuament només s'arriba. Tu et quedaràs aquí. Si l'amor fos etern, no se'm quedaria la veu amagada rere els llavis com una nena molt i molt espantada del sotrac sec. Del cop al cor. Del sotrac dur. Pedra i fusta. Fusta rosegant la pedra. So moll de ciment, tan moll, tan absolutament sexual i humit. Penetrant. Aterrador com una violació. Empenyent el violador. Gotes de suor cauen sobre el ventre inexistent, m'immobilitzen. Les veus dels homes aturen el crim. Tu ets a dins. No sabré tornar-hi. Llenço al cel boles aspres de xiprer. Em creuen la veu milions de paraules inconnexes.

Cemetery

They built this city to confuse us. You enter by following the
thread of memory. Each walker walks their own thread. They
are all different. The exits are all different. The guides lead us.
You go in. You will never remember this place. There are letters
and numbers. Sacred trees. Priestesses transformed into wild
fowl. Prophecies. We walk with people. I won't know my way
back either. We walk between cypress trees. Voluptuous. We
like cypresses. And oak-trees. Put me in a roure, like Roudoreda.
Even dead you can't stop cracking jokes. But don't laugh at them.
Even though you get angry. Blind Borges says we're in a laby-
rinth. I say of Fog. That has a mute smell and doesn't blind. And
can transform façades. I won't know the way back, I say while we
are still together. Walking past effigies and angels. Just so you
know. In fact one can't return anywhere. One always comes there
for the first time. You only ever come. You will stay. If love were
eternal, my voice wouldn't stay hidden behind my lips like a
young girl scared witless by the sudden thud. By the blow to the
heart. By the loud thud. Stone and wood. Wood scraping against
stone. Wet sound of cement, so wet, so totally sexual and damp.
Penetrating. Terrifying like a rape. The rapist humping. Beads
of sweat fall on the non-existent belly, immobilise me. Men's
voices stop the crime. You are inside. I won't know how to find
my way back. I throw bitter balls of cypress at the sky. Millions
of random words cross my voice.

Dimensions

¿Quant és zero multiplicat per infinit? ¿I amor multiplicat per zero? ¿I Mort dividida per infinit? ¿Quants som tu I jo multiplicats per tu i per jo? ¿Quant és la vida més u? ¿Quants som tu menys jo? Ho intentis com ho intentis, si obres la porta, mai obres la porta. És el llenguatge qui l'obre per tu. Jo només entro. No hi ha cap porta. És com la mà. És tot. No existeix la mà. És una paraula com un senyalador de camins i fronteres. Jo només entro. L'instant finit del meu infinit entra en tu. Quan tu no hi ets. En aquesta manera teva de no ser-hi. En aquesta manera teva infinita de no ser-hi. Tu no ho intentis. Aquí no hi ets. Els matemàtics encara no s'han creat. El cel va ple d'àngels. Regna l'estómac. Res de cervells. Segurament demà neva. El dia no té finestra.

Dimensions

How much is zero multiplied by infinity? And love multiplied by
zero? And Death divided by infinity? How much are you and I
multiplied by you and I? How much is life plus one? How much
are you minus I? However hard you try, if you open the door, you
never open the door. It is language that opens it for you. I enter
alone. There is no door. It is like a hand. It is everything. A hand
doesn't exist. It is a word like a sign-post to paths and frontiers.
I enter alone. The finite moment of my infinity enters you. When
you're not here. That way you have of not being there. The way
you have of not being there. Don't you try. You're not here. Math-
ematics has yet to be created. The sky is full of angels. Stomachs
rule. No brains. It will surely snow tomorrow. There's no window
to the day.

Lleixiu espiritual

TARTANY (o *tartrany*), m. Llombric, cuc de terra.

Arromangada, l'ànima arromangada. I davant meu tot el terra
immens de la soledat. He de fregar-lo. Treure'n les petjades. Del
dia que jugàrem amb la polsera de perles, els nostres sexes i el
teu desmai. De l'altre que ens besàvem mossegant-nos l'ànima.
A trossos. Com animals. A trossos i a dentegades. Als peus la
galleda. Les rajoles degotant la sang d'una nostàlgia en erup-
ció. Tenies un crani abismal. Els dits obrint-se com flors plenes
d'ungles. Caminava pel precipici de la teva mirada i em deixava
caure a dins. Quantes vegades hi vaig morir, rebentada contra els
esculls del teu alè excitat en una barra de bar. Quantes vegades
em vas carregar a coll fins a la masia on els gossos ja no mengen
carn sinó núvols i esperits lliures i em vas dir, mentre negàvem
la pàtria, les pàtries i ens besàvem ebris de besar. Em vas dir,
torna. Tot el terra immens de la soledat davant meu i el fregall,
la seva aspra orografia de la il·lusió, d'un verd alpí i fosc. Torna.
No vaig tornar. No ho vaig aconseguir. Fregava. Plena de líquids
abrasius, per desencrostar aquell gruix de terra que em tapava la
boca. No una aixada, sinó una escombra, no un recollidor, sinó
una pala. I els dits bruts. Els fogons que vaig inundar de lleixiu
espiritual. Tu somreies i em mostraves els teus dits bruts. Bruts
de mi. Treure'n les ditades. Buidar el cos de ditades com qui
es buida les butxaques. Eixugar els llavis amb la baieta. Plorar
de cansament de tant netejar sempre. No conèixer de l'amor
més que la paraula amor. Desar el Lleixiu Espiritual i obrir les
finestres perquè entri l'olor de timó de tossal de riu de farigola.
Sentir els pardals les cueretes les caderneres xiular. Abraçar-se a
la soca d'una perera. No recordar res. Estimar els tartanys.

Spiritual Bleach

Worm, angleworm, earthworm.

Rolled up, my soul rolled up. And the immense land of solitude
before me. I must scrub it. Remove the footprints. From the
day when we played with the pearl bracelet, our sexes and your
swooning. From the other day when we kissed and bit our souls.
To pieces. Like animals. To pieces, tooth-bitten. The bucket at
our feet. Tiles dripping with the blood of nostalgia in full flood.
You had a cleft skull. Fingers opening like flowers full of finger-
nails. I walked along the precipice of your gaze and let myself
fall over. I died so often, smashed on the reefs of your excited
breath by a bar counter. You carried me so often around your
neck to the farmhouse where the dogs no longer eat flesh but
cloud and free spirits, and you said, while we denied fatherland
and fatherlands and kissed so drunk on our kisses. You said,
come back. I didn't. The whole vast land of solitude before me
and the scourer, with its bitter orography of hope, a dark, alpine
green. Come back. I didn't. I didn't manage that. I scrubbed.
Full of abrasive liquids, de-crusting the thick layer of soil sealing
my mouth. Not a hoe, but a brush, not a scoop, but a spade. And
filthy fingers. The hobs I drowned in spiritual bleach. You smiled
and showed me your filthy fingers. Filthy with me. Removing
fingerprints. Emptying the body of fingerprints like you empty
your pockets. Wiping your lips on a damp cloth. Weeping from
exhaustion after always cleaning so hard. Knowing of love, only
love the word. Putting Spiritual Bleach aside and opening the
windows to let in the smell of thyme from a hillock that is a river
of creeping thyme. Hearing sparrows, wagtails and goldfinches
chirping. Hugging the trunk of a pear-tree. Remembering noth-
ing. Loving worms.

Torre de vigia

De sobte apareixia la torre imponent, mig desfeta, però
    dempeus, solitària en la vigia d'aurores,
i el camí la deixava enrere, en fugia a la velocitat de
    l'accelerador, però el coll es girava per veure-la
i el cor volia saltar de la màquina en marxa i l'ànima es
    quedava allí uns instants, traspassava la transparència, per
    permetre a la memòria recordar-la, que no fos un somni
    d'un somni, d'un somni, un record d'un somni que s'in
    stal·la dins d'un altre somni

Watchtower

An imposing tower suddenly looms half-ruined, but
      standing, solitary in the watch tower of dawns,
and the path left it behind, fled from it with the accelerator
      down hard, but your neck turned to see
and your heart wanted to jump from the moving vehicle and
      your soul
            lingered a few moments, pierced the transparency,
            to allow your memory to remember, so it was no
            dream of a dream, of a dream, memory of a
            dream that settles inside another dream.

Memento Fournier

Déu va voler fer una pila amb tots els homes que moren cada dia a la terra, com qui s'entretê a fer un castell de cartes de la casa Fournier. Volia comprovar si des d'allí, del ventre de l'últim home, podria un escalador professional saltar a qualsevol estrella llunyana. S'hi passà tot el dia. S'aturà a fer quatre coses. I hi tornava. No li tremolava el pols en l'execució. Quan dels cent cinquanta mil cadàvers només n'hi faltaven dos, i ja tenia convocats els escaladors, amb les seves cordes i les seves visions de neu i gel, les seves temperatures d'astre, les dotacions d'eternitat. Quan ja havien vingut els xerpes, els periodistes, les càmeres per deixar per a la història aquell petit salt per a l'home però gran salt per a la humanitat, l'equilibri va cedir. Es desplomà. Equilibri és un nom masculí, pensà Déu. Perxò es desploma. Ergo s'hauria necessitat bogeria o qualsevol nom de dona. Amb bogeria s'arriba allí on mai la raó arriba. Per exemple, voler fer de la mort una escala.

Fournier Memento

God wanted to pile up all the men who die on earth
every day, like someone playing at building a castle from
a pack of Fournier cards. He wanted to check whether
a professional climber could leap from the belly of the last man
to any distant star. He devoted the whole day to that. He stopped
to do very few other things. And then returned to the task. His
pulse never wavered. When he only needed two to reach one
hundred and fifty thousand corpses, and had already summoned
climbers, with their ropes and their visions of ice and snow, their
starry temperatures, the trappings of eternity. When the Sherpas,
journalists, photographers arrived to inscribe in history that
small leap for a man but huge leap for humanity, equilibrium
was lost. It collapsed. Equilibrium is a male noun in Catalan,
God reflected. That's why it collapses. Ergo it would have re-
quired madness, that is female, or the name of any woman.
With madness you reach where reason never reaches. For
instance, to make of death a stairway.

Ell

Passats set anys el van desenterrar per ballar amb ell a Madagascar.
A Nova Guinea en nom d'Ell es tallaren els dits nens i dones.
Al Tibet l'oferiren als guardians dels Déus, prop dels cims.
Pel Yucatán, enmig dels herbassars humits, el rentaren fins
que el blanc quedà cobert.
Al Ganges van beure de l'aigua que envoltava el seu cos.
Fou a Iran on la gossa sagrada udolà al brau abans que ell
s'enlairés amb el voltor del foc.
Se li assegueren a sota a Austràlia, per rebre'n la saviesa
i la pell.
Dins l'Amazones, tastaren la cendra del seu pas cap al
paradís dels ocells salvatges.
A Mongòlia el van deixar envoltat en sacs de cuir a la vora
del camí.
Les sacerdotesses de l'Àfrica el van dur de dret cap al Bosc
Sagrat, pintades de blanc, les cares.
Per Indonèsia restà amagat dins dels murs durant mesos,
fins que el búfal el va treure del seu sopar i ell s'aixecà i caminà
fins a la seva tomba.
Alguns el van cobrir amb llençols i l'envoltaren de ciris
trèmuls.
D'altres amb flors com a una núvia jove i vergonyosa.
Alguns el conservaren amb cera, o amb mel.
Li escriguren versos,
el veneraren amb riqueses i ofrenes.

He

After seven years they dug him up and danced with him in
      Madagascar.
In New Guinea in His name women and children chop
off their big and little fingers.
In Tibet they offered him to God's guards,
near the peaks.
In the Yucatan, amid wet grasslands, they washed him
until the white was shrouded.
In the Ganges they drank from the water
surrounding his body.
It was in Iran where the holy bitch howled to the male
before he soared into the air on a vulture of fire.
They sat him down under in Australia,
to receive his wisdom and skin.
In Amazonia they tasted the ashes from his footsteps
on their way to the paradise of wild birds.
In Mongolia they left him by the roadside
wrapped in leather sacks.
The priestesses of Africa led him straight to the Holy Wood,
their faces painted white.
In Indonesia he hid behind walls for months,
until the buffalo stirred him from his slumbers and he stood up
and walked towards his grave.
Some covered him in sheets and surrounded him
with flickering candles.
Others with flowers like a young, shamefaced bride.
Some preserved him in wax or honey.
They wrote him verse,
      they venerated him with riches and offerings.

Sempre entorn d'ell hi anaven taxidermistes armats de bisturís, tisores de fulles corbes, tenalles. I els Homes dels llibres Sagrats, que els acompanyaven.

Però no podien aturar-lo.

Dia i nit se'ls feia escàpol.

He was always encircled by taxidermists armed with scal-
pels, scissors with curved blades and pincers. Men of Holy Writ
accompanied them.

But they couldn't stop him.

Day and night he eluded them.

Rescat

MENTRE GRATO AMB LES MANS LA TERRA
QUE REMOGUÉ L'AIXADA

T'estimo petit gat. Grato la terra, me n'omplo les mans, la veu. T'estimo petit conill. Esgratinyo endins. Trobo còdols esmolats del color de lluna. Vidres esmerilats. T'estimo euga imponent. Escarboto amb les ungles. Sento l'os esgrogueït ferint la terra. La terra encesa ferint l'os. T'estimo petit pardal. Escatinyo el vent. Veig l'escopeta del tiet que et mata i et ressuscita. Et mata i et ressuscita. T'enfarina. Et cobreix de neu. T'estimo sargantana verda. Rasco la calç de la paret. Veig les bales d'una guerra civil executant-la. Cau sang. Regalima. Et trenco la cua i en neixen quatre ombres grasses que fan una nit. T'estimo tartany de terra. Cavo amb l'aixadell. Et multiplico. Habites per tots els turons de la felicitat. Et compares a les estrelles. Pobles l'esperit dels arbres. T'estimo serp platejada. Grato la boca negra. Tres dents i una tija blava. Pel verí, l'amor puja fet saba cap a la memòria. Li he preguntat a Déu si recordava el teu nom. Déu no em contestava. Han vingut les dones de la meva història totes enfundades en els seus guants de plàstic rosa, a rescatar-me. Anava bruta de mort fins a la sola.

Rescued

WHILE MY HANDS SCRATCHED THE EARTH STIRRED BY THE HOE

I love you little cat. I scratch the earth, I fill my hands and voice with it. I love you little rabbit. I scratch downwards. I find moon-coloured pebbles. Glass shards cleaned by emery paper. I love you huge mare. I scrape with my nails. I feel the yellowed bone wounding the soil. The burning soil wounding the bone. I love you little sparrow. I paw the wind. I see uncle's gun that kills and resurrects you. Kills and resurrects you. Covers you in flour. And in snow. I love you green lizard. I scrape lime off the wall. I see the bullets of a civil war executing her. Blood spatters. Trickles. I break off your tail and four fat shadows spring up that turn into night. I love you earthworm. I dig with the hoe. I multiply you. You live in every blissful hill. You compare yourself to the stars. You people the spirit of the trees. I love you silvery snake. I scrape the black mouth. Three teeth and a blue root. Because of the poison, love made sap rise towards memory. I asked God if he remembered your name. God never answered. Women from my past come funnelled into their pink plastic gloves to rescue me. I was death-dirty down to my soles.

Ritual amb cadàver de vaca al bosc

ON REALITAT I IRREALITAT
SÓN I SEMBLEM LA MATEIXA
COSA. ON LA MORT ÉS REAL, I IRREAL LA VIDA

Per al ritual abandonaràs somnis, fantasia, quimeres i actuaràs
sobre tot allò que és viu. Al bosc de nit, al més profund del bosc,
hi ocorre, fa segles, amagades a la profunditat, coses que són
tu, i que sabràs, allí on presa i depredador són la mateixa cosa.
On tu i tu sou la mateixa cosa. On morir i matar tenen el mateix
sentit. Són mà i mà. L'una amb l'altra, dins el mateix cos. Hi
entraràs. Coses que són tu se't mostraran descarnades. Els ossos
de l'animal refulgents sota la llum de la lluna, pedres polides,
enmig d'una clariana deixades. El tacte terrós dels budells,
el rierol clandestí i un tros de pell com una bandera de vida, al
fortí que la nit derruí. La miraràs. Era un bell animal. Era un bell
animal. T'ho dirà el bosc en la seva solitud d'arbre. Hi entraràs.
T'ho dirà la roca en la seva solitude de roca. Hi entraràs. Moriran
i naixeran milions de coses cada moment. Que també són tu.
Ininterrompudament són tu. El bosc s'extingirà. Es diran adéu
els uns als altres, per les arrels, s'ho diran, fets milles de soli-
tud, els arbres. Quedaran somnis boscans sobre la terra resseca.
Creuràs que cap realitat ha existit, entendràs que Tu tampoc has
existit. I sortiràs d'un bosc que no existeix com un núvol baix
que s'hagués enganxat amb esbarzers i branques, que ja tampoc
existeixen. T'ho diràs per no perdre-ho.

Ritual with a Cow's Carcass in the Wood

WHERE DEATH AND UNREALITY
ARE AND SEEM THE SAME THING.
WHERE DEATH IS REAL AND LIFE UNREAL.

Because of the ritual you abandon dreams, fantasy, chimera
and act on everything that is alive. In night-time woods, in the
depths of woods, from centuries ago, things have been happen-
ing, hidden in those depths, things that are you, that you know,
where prey and predator are one and the same. Where you and
you are the same. Where dying and killing have the same mean-
ing. Go hand in hand. One with the other, in the same body.
You will go in. Things that are you will appear stripped of their
flesh. The animal's bones gleaming in the moonlight, polished
stones, abandoned in a clearing. The earthy feel of entrails, the
secret stream and a piece of skin like a flag of life, in the fortress
night demolished. You look at it. It was a beautiful animal. It
was a beautiful animal. The woods will tell you in their arbores-
cent solitude. You will go in. The rock will tell you in its rocky
solitude. You will go in. Millions of things will die and be born
every moment. They are also you. They interruptedly are you.
Woods will become extinct. Trees will say goodbye to each other,
will say so via their roots, trees in their manifold solitude. Wood-
filled dreams will endure on the parched earth. You will think
that no reality existed, You will understand that neither did You.
And emerge from a wood that doesn't exist like a low cloud that
would have snagged on branches and brambles, that don't now
exist either. You will tell yourself this, so it won't be lost.

With Thanks

(MINDS & BODIES)

El Dia Gráfico

To Tsvetaieva's wonderful essays. To Dylan Thomas's disturbing poems and obsession with death. To Ponç Puigdevall, who was the first to talk to me about putrefaction as a literary subject. To the undertakers of Lleida, where I purchased compulsively. To Ramon Llull, for his exemplary Tree, that is never not with me, and for that proverb that says that 'since no soul is begat, no soul is related to any other' that Enric mentioned to me over the phone. To Enric Casasses, for still being there. To Mercè Rodoreda, for her *La mort i la primavera* / *Death and the Spring*, and everything. To Eduard Escoffet and Chantal Maillard, the first for making me understand the lyrical value of repetition; the second for the same reason and for acting as an inspiration for the repetition in the poem, 'Extinct animals,' that I'd already written but that gains in intensity after reading a fragment of her prayer-book or mantra. To Ausiàs March and those lines that echo around my world: 'love is by death destroyed.' To René Char, Pizarnik, the Capellà de Bolquera ('summer and winter evil within me hibernate'), Arvo Pärt, Víctor Català, fundamentally, and for that old woman in one of her stories who patiently awaits death on the stone bench by her farmhouse, to Carles Hac Mor (who has now died, and to whom I sent poems with images that disrupted his e-mails, which was when he cursed me; I stopped including these visual poems that brought Carles's emails to a halt over fifteen years ago!). To Benet Rossell ('we'll no more dance as flamenco' / 'She whose hair never dishevels!'). To Miquel Bauçà, when he says that 'Dying alone on the stage / of an empty, closed theatre / should be the only tolerated / project for humans, / especially poets.' Something he did in his flat in the Eixample. To Maria-Mercè Marçal, and her poem that resonates throughout this whole book: 'The warrior departs for the field of battle.' To Gertrude Stein, copied in one of the poems in this book. To Maria Antònia Salvà. To Carmelina Sànchez-Cutillas and her *Els jeroglífics i la pedra de Rosetta* / *Hieroglyphics and the Rosetta Stone*. To Ferrater and Maragall, quoted mischievously in the poem, 'Voluptuous Finale.' To Cocteau, Akhmatova's 'Requiem,' Jorge Manrique and his wonderful *Coplas a la muerte de su padre* / *Stanzas on the Death of his Father*, to Giordano Bruno, under whose shadow I sat in Rome, and his book *De l'infinito universo et mondi* / *On the Infinite Universe and Worlds*, that accompanied me for long periods of the process. To Marisa, once a waitress in the Don Jamón bar in Cambrils. To Jaume Pont and his book *Llibre de la Frontera* / *The Book of the Border*, that helped me cross a frontier in the Aliança hospital in Lleida. To Angeleta, Pep and Maria from Juià (who are no longer alive or no longer live in Juià). To Baudelaire, Seferis, Rimbaud, Foix (we all find ourselves in the port with the unknown woman), Cavafi, Kikí Dimoulá, Maria Polidouri, Kostas Kariotakis, Papasseit, Sappho ('on a soft bed I will lay my limbs'), Rabelais, João Gilberto. To the "Library in a pen-drive" that Francesc Gelonch so generously sent me. To Maria Cabrera. To Víctor Nick from Aiguafreda, to Ted Hughes, Roland Barthes and his *Camera Lucida* sent to me by Arnau Pons, which I didn't read until years after I received it. To Blanca Llum Vidal, Emily Dickinson, Anne Sexton, Sylvia Plath, Ana Mendieta, Borges, Marina Abramovic, Josep Pedrals and the medieval mystics Hildegarde of Bingen, Claire of Assisi, Hadewich of Antwerp, Marguerite Porete, Julian of Norwich and Catherine of Sienna. To St John of the Cross, Malevitx, Beuys, Louise Bourgeois, PJ Harvey, Björk and Núria Martínez-Vernis's poem about a taxidermy that I heard for the first time 'en una noche oscura con ansias en amores inflamada' ['on a dark night inflamed by love's longings']. To Sylvia Rothkovic and her pianos and tunnels. To Xavier Antich, who kindly sent me Àngel Gabilondo's book about death. To Ester Xargay, Alfonsina Storni, Edith Södegran ('and all the flowers yearn infinitely for the kiss of the moon'), to Memi March, William Heinessen, Rosa Leveroni, Felícia Fuster, Rosa Maldonado, Delmira Agustini, Antoni Albalat, Isidre Nonell, Josep Porcar, Anton de Moragas ['tendono a la chiarità le cose oscure' / 'obscure things reach for clarity'], Gerda Taro. To Marina Espasa, who while she struggled with her deer, I engaged with my glove, even though she made me progress in love and still does so. To Angelica Liddell, Lolita, Felícia, Nan Goldin, Guerrilla Girls, Antònia Antequera, Kathe Kollwitz, Marta Stel·la. To my publisher, Jordi Cornudella, because 'sí emblanqueixen els versos clarors de gebre' ['verse does whiten frosty clearings']. To Pere Jaume in trees and wood, Albert Roig—in tempests and aloe flowers—and Montserrat Rodés in sunken depths, in uncertain uncertainty. To George Trakl. To Agamben and his stunning book, *Quel che resta di Auschwitz / Remnants of Auschwitz*. To Ingeborg Bachmann, Philippe Ariès for his astonishing and wise book *Essais sur l'histoire de la mort en Occident / Western Attitudes Toward Death* (and to Toni Marí who told me about it). To Isla Correyero, Paul Celan, Andreu Vidal, the talaiots in Menorca, the Boí Valley, the Gavarres, the Plain of Lleida, the Mediterranean Sea, David Meza, Francesc

Bombí, Verdaguer and his *Flors del calvaria / Flowers from Calvary*. To Leonora Carrington, Remedios Varo, Leonor Fini, Dorothea Tanning, Frida Kahlo. To Graciela Iturbide, Cristina García Rodero, Roman Vishniac's poems of light, and Agustí Centelles's photo, 'La barricada.' To Béla Tarr's *A torinói ló / The Turin Horse*, and to Elisenda Serrano who took me to see it. To Stella Haggeman and Neus Dalmau and Jarmusch's *Dead Man*. And although I have yet to read them, to Maria Sevilla, Raquel Santanera, Francesc Gelonch and Laia Carbonell, because I know for sure that the future influences us more than the past. And to all those I haven't mentioned, because oblivion has meant they are forgotten or that I have decided to forget them.

Dolors Miquel (Lleida, 18 July 1960) is a leading Catalan poet. From an early age, her distinct and critical voice—as evidenced in her writing for the page and the stage—upset many in her provincial birthplace. Expelled from a school run by nuns, Miquel studied in Barcelona, where she founded the literary magazine *La Higiènica* and, in the mid-90s, began to publish poems in a variety of styles. In collaboration with other Catalan poets, Miquel would organise week-long tours of small towns (ever keen to perform her works) and her writings—sharp, clear-eyed and ever-political—distil her roving criticality in a poetry that desecrates everything: 'the Church, politics, and, naturally, the male figure' (María Eloy García). In *Gitana Roc* (Llibres Del Segle, 2000), Miquel would express the core of her work as follows: 'I talk about the damage caused by social structures, such as the family or the police. Love is the most frightening contract of fear, also the most powerful safeguard of society, and sex is the carrot.' This aura of critique defines Miquel's extensive bibliography (with over twenty collections under her name to date), and she has received numerous awards, such as the Rosa Leveroni (1989), Ciutat de Barcelona (2005), Gabriel Ferrater (2006), and Ausiàs March de Gandia (2016). She has published numerous collections, among them *La dona que mirava la tele* / *The woman who watched TV* (Edicions 62, 2010) and *La flor invisible* / *The invisible flower* (Bromera, 2011). Her latest book, *Sutura* / *Suture* (Pagès, 2021) is her final work as a poet; Miquel lives and works in Torredembarra, and continues to publish theatrical texts and other writings.

Peter Bush is a translator. His first literary translation was Juan Goytisolo's *Forbidden Territory* (North Point Press, 1989) and, to date, Bush has translated eleven other titles in Goytisolo's bibliography, including *The Marx Family Saga* and *Exiled from Almost Everywhere*. He has translated many Catalan writers including Josep Pla, Mercè Rodoreda, Joan Sales, Najat El Hachmi and Teresa Solana. His most recent effort is *A Film (3000 meters)* by Víctor Català, the classic 1919 feminist novel set in Barcelona's criminal underworld. Bush lives and works in Bristol.

Helena Gomà studied photography from 1993 to 1996 at Barcelona's Institut d'Estudis Fotogràfics de Catalunya. She won second prize in the first edition of Xavier Miserachs Prize in 2001 and the winning photographs are part of the decoration of the rooms at the Grand Marina Hotel in Barcelona. Gomà presently works with Pere Portabella's film production company, Films 59, as a stills photographer.[†]

†

My grandmother was 104 years old when she died in her apartment on Gran de Gracia Street, Barcelona. The photographs included herein represent an effort to capture a loss in progress.

H.G.

Stickered editions alternately carry one of two images by artist
Doug Harvey, 'Heaven,' I & II (named for Belgian-American
animator Paul Demeyer, who intended to use them as the back-
drop for a *life-after-death* sequence in a now-abandoned, feature-
length film work). These images are excerpted from Harvey's
'Mouldy Slides' project; an installation and performance work
anchored in the chance discovery of a cache of discarded ama-
teur photographic 35mm transparencies dating back to the 1970s.
The slides had been subject to flooding, and had resultantly
grown various types and degrees of fungal layering, altering the
pictorial content of the emulsion. Washed and stabilised, the
scans err between informing either a transformed image
or a total abstraction.

A CIP record for this publication is available from the
British Library.

Tenement Press 9, MMXXIII
ISBN 978-1-7393851-0-1

Printed and bound by Lulu.
Typeset in Arnhem Pro Blond.

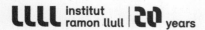

Tenement Press is an occasional publisher of esoteric;
experimental;
accidental;
and interdisciplinary literatures.

www.tenementpress.com
editors@tenementpress.com